Inhaltsverzeichnis

Vorwort

Liebe Fachkräfte,

„Gute Nacht, Gorilla!" von Peggy Rathmann ist eines der schönsten Bilderbücher, die ich kenne. Dieses Buch ist mit so viel Liebe zum Detail illustriert worden. Auch wenn man es schon zum zwanzigsten Mal mit Kindern ansieht, kann man immer noch neue Feinheiten entdecken.

Die Tatsache, dass das Buch ohne viel Text auskommt, macht es zu einem absoluten „Fantasie-Beflügler". Es bietet so viele Möglichkeiten, Gedanken, Gefühle und Motive hineinzuinterpretieren.

Themen des Literacy-Projektes sind – passend zum Buch – „Schlingeleien", Zuhause, Familie, Freundschaft, Farben, aber natürlich auch die liebenswürdigen Tiere und nicht zuletzt der Zoowärter und seine Frau.

In dem zum Buch erstellten Literacy-Projekt wird versucht, die lustige und farbenfrohe Zoowelt des Gorillas und seiner Freunde aufzugreifen.

Ein besonderer Fokus liegt hierbei auf der Sprachförderung und der Sprechmotivation der Kinder. Nicht nur das Heranführen und der Umgang mit einem Buch werden hier gefördert, sondern auch bereits die erste Lesebereitschaft und das Interesse an Geschichten.

Das Literacy besticht mit Aufgaben, die sehr nah am Buch sind. Besonders der erste Teil des Heftes bearbeitet die einzelnen Seiten des Buches sehr ausführlich, sodass sich die Kinder tiefgehend mit dem wundervollen Bilderbuch beschäftigen können. Nach diesem Projekt werden die Kinder das Buch in- und auswendig können.

Ich wünsche Ihnen und den Kindern eine lustige und wundervolle Zeit mit dem frechen Gorilla und seinen Freunden. Viel Spaß dabei!

Ihre Mila Hees

Hinweis:
Liebe Fachkraft, wir möchten in unseren Materialien niemanden benachteiligen oder diskriminieren. Daher nutzen wir unter anderem das Gendersternchen, um alle Geschlechter anzusprechen. Im Folgenden verzichten wir jedoch aus Gründen der besseren Lesbarkeit darauf und nutzen weiterhin entweder die „neutrale" Form oder Doppelformen. Selbstverständlich sind stets alle Geschlechter gemeint.

Vorbemerkungen und Arbeitshinweise

Bildungsbereiche (jeweils das äußerste Symbol oben rechts auf den Arbeitsblättern):

 Literacy

 Mathematische Bildung

 Musik

 Wahrnehmung und Entspannung

 Ästhetische Erziehung

 Körpererfahrung und Bewegung

 Umwelt-, Sach- und Naturbegegnung

 Sozial-emotionale Bildung

 Gesundheit und Ernährung

Sonstige Symbole:

 für unter 3-Jährige geeignet

 geeignet für die Begabtenförderung

Layout:
Die Seiten mit dem **Schlüsselbund** im Layout unten rechts sind für Sie gedacht.

Die Seiten mit der **Banane** im Layout unten rechts sind für die Kinder gedacht.

Allgemeine Hinweise zur Organisation und Durchführung

Was ist Literacy?
Der Begriff *Literacy* umfasst neben der Lese- und Schreibkompetenz auch das Verstehen von Texten, mit deren Sinn, der Grammatik, mit der Artikulation und dem Wortschatz. Die Auseinandersetzung mit Bilderbüchern im Kleinkindalter ist deshalb so wichtig, da hier Dinge wie Textverständnis, Abstraktionsfähigkeit, Ausdauer, Konzentration und Merkfähigkeit trainiert werden, die im Schulalltag eine große Rolle spielen. Darüber hinaus weisen Kinder mit einer umfangreichen Leseerfahrung eine wesentlich höhere Schreib- und Lesekompetenz auf als andere. Sie lernen schneller und leichter, können sich deutlich besser ausdrücken und sich exakter mitteilen. Außerdem kann man Kindergartenkinder mit dem Vorlesen schon früh für Bücher begeistern und das Interesse für späteres Selbst-Lesen wecken. Aus diesen Gründen ist Literacy ein fester Bestandteil der pädagogischen Arbeit geworden. Pädagogische Fachkräfte werden aufgefordert, den Kindern literarische Angebote zu machen, die zu Hause oft zu kurz kommen oder gar fehlen. Außerdem sollten sie Kinder und Eltern motivieren, sich auch außerhalb des Kindergartens mit Literatur auseinanderzusetzen. Literacy kann über Bilderbuchbetrachtungen, das freie Erzählen, Vorlesen und Nachspielen vermittelt werden.

Tipps zum Vorlesen:
Um die volle Aufmerksamkeit der Kinder auf die Bilderbuchbetrachtung zu ziehen, sind viele Faktoren entscheidend.
Die Raumgestaltung spielt unter anderem eine Rolle: Die Umgebung sollte nach Möglichkeit reizarm und ruhig sein. Das bedeutet, Dinge mit hohem Aufforderungscharakter, wie Spielzeug oder grelle Bilder, sollten entfernt oder bedeckt werden. Mit Kissen, diffusem Licht und Materialien, die sich auf die Geschichte beziehen, lenken Sie die Aufmerksamkeit der Kinder dorthin, wo Sie sie brauchen: zum Buch.

Während des Vorlesens sollten Sie auf folgende Dinge achten:

- Beim Lesen zwischendurch unbedingt Blickkontakt zu den Kindern herstellen. Oftmals können Sie am Gesichtsausdruck der Kinder erkennen, ob der Text verstanden worden ist, ob sie noch aufmerksam zuhören oder ob Fragen aufgetaucht sind.

- Haben die Kinder während des Lesens zwischendurch Fragen, sollten diese umgehend beantwortet werden. Anderenfalls sind die Kinder in Gedanken bei ihren Fragen und können dem Text nicht mehr folgen.
- Beziehen Sie die Kinder immer wieder mit ein, indem sie Geräusche mitmachen dürfen oder indem Sie Meinungen einholen: „Das war aber lustig, oder?“, „War das okay, was hier gerade geschehen ist?“
- Verändern Sie beim Lesen Ihre Stimme je nach Gefühlslage. Freude, Traurigkeit, Spannung, Langeweile, Wut etc. können wunderbar über die Stimme ausgedrückt werden. Die Kinder lassen sich oft von ihren Gefühlen mitreißen und erleben die Geschichte so emotional mit. Dadurch gewinnen Sie die Aufmerksamkeit der Kinder mit einfachen Mitteln.
- Nach dem Vorlesen sollten Sie auf die Geschichte eingehen und die Kinder Sequenzen nacherzählen lassen bzw. gezielt Fragen stellen. Dadurch wird alles wiederholt und Sie sehen, was und wie viel die Kinder vom Text verstanden haben. Das freie Erzählen fördert die Sprachproduktion, das Textverständnis und das Selbstbewusstsein der Kinder enorm.

Themavertiefung im Freispiel / Leseecke schaffen:
Da das Bilderbuch über einen längeren Zeitraum intensiv bearbeitet wird, muss im Gruppen- oder Nebenraum ein geeigneter Ort gefunden werden, der dem Thema viel Platz bietet. Eine Ecke oder ein Bereich wird vom restlichen Geschehen mit Regalen oder Schränken abgetrennt und befasst sich nur mit den Tieren aus dem Buch. Hier könnten zum Beispiel die Hexentreppentiere und die bunten Gürteltiere aufgehängt werden. Da jedes Kind im Freispiel seine aktuellen Themen und Interessen nachspielt, wird es sicher vorkommen, dass die Kinder die Geschichte oder Teile davon nachahmen möchten. Hierfür bietet sich diese besondere Ecke wunderbar an. Die Projektecke wird mit der Zeit immer weiter vervollständigt und bietet auch den Eltern einen Einblick in das Literacy-Projekt. Sie können die Ziele der einzelnen Angebote stichpunktartig aufschreiben und aufhängen, sodass die Eltern stets über alles informiert sind.

Erzähltisch bereitstellen:
Nach der Bilderbuchbetrachtung („Einsteig in die Geschichte“, S. 5) ist es wichtig, dass die Kinder einen Platz haben, an dem sie das Gehörte noch einmal für sich wiederholen und sich damit auseinandersetzen können. Die Materialien, wie zum Beispiel die Tiere etc., müssen dort vorhanden sein, damit einzelne Sequenzen wieder ins Gedächtnis gerufen werden und die Kinder die Szenen nachspielen können. Dazu gehört auch der Zugang zum Bilderbuch. Ein Erzähltisch bietetden Kindern einen solchen Ort. Hier können die Materialien und auch das Buch ausgelegt und immer wieder neu bestückt werden. Ein Materialwechsel ist durchaus sinnvoll, damit die Kinder das Wissen, welches sie dem Buch entnommen haben, in andere Bilder oder Geschichten transferieren können. Für Sie als Fachkraft ist es wichtig, den Erzähltisch immer wieder in das Freispiel einzubeziehen oder ihn mit den Kindern neu zu bestücken, damit die Kinder zum Erzählen animiert werden. Sie sollten sich außerdem ab und zu mit den Kindern dort niederlassen und sie die Geschichte mit Hilfe der Materialien nacherzählen lassen, denn so kann die Sprachentwicklung gefördert werden.
Für die Gestaltung des Erzähltisches bietet sich ein kleinerer Tisch an. Darauf legt man eine Tischdecke, auf der die Materialien und das Buch angeordnet werden. Versuchen Sie, den Tisch so schön wie möglich zu gestalten, damit er einen hohen Aufforderungscharakter erhält. Dazu gehört auch, ihn nicht in eine Ecke zu stellen, die von den Kindern kaum gesehen wird, sondern ihn in die Themenecke zu integrieren.

Bitte stellen Sie mit den Kindern zum Beispiel folgende Regeln im Umgang mit dem Buch auf:
- Mit Büchern geht man vorsichtig um. Sie werden nur dann gelesen, wenn man sich ruhig hinsetzt.
- Will jemand toben oder wild spielen, so werden die Bücher erst zur Seite geräumt.
- Die Seiten werden mit den Fingern umgeblättert und nicht mit der ganzen Hand.
- Malen, Schneiden und Kleben darf ich nur auf Papier und nicht im Buch.
- Ist das Buch doch einmal aus Versehen kaputtgegangen, sage ich sofort Bescheid.

Tipps und Anregungen zu den einzelnen Arbeitsblättern

Zu den einzelnen Tieren: Bei diesem Literacy-Projekt bietet es sich unbedingt an, die Tierlaute der Tiere anzuhören, denn wer weiß schon, wie sich eine Giraffe oder ein Gürteltier anhört? Sie können dafür einfach die Google-Suche nutzen, indem Sie zum Beispiel „Giraffe + Laute“ eingeben.

Zu den Rezepten (ab S. 28–30):
Bitte achten Sie unbedingt darauf, ob es **Allergien oder Unverträglichkeiten** bei den Kindern gibt.

Einstieg in die Geschichte (1) (ab 2 Jahren)

Material:
Buch

Förderanleitung:

1. Setzen sie sich mit den Kindern in einen Kreis. Zeigen Sie den Kindern jeweils die aufgeklappte Doppelseite, sodass alle Kinder gut sehen können.
2. Beginnen Sie zu jeder Doppelseite ein Gespräch mit den Kindern. Starten Sie erst allgemein und fragen:
   - Was seht ihr auf den Seiten?
   - Was fällt euch auf?
3. Gehen Sie auf die Fragen und Antworten der Kinder ein.
4. Stellen Sie weitere Fragen zu jeder Seite oder geben Sie Impulswörter. Lassen Sie zwischendurch auch die Kinder Fragen finden oder etwas auf den Seiten beschreiben. Konkrete Anregungen hierfür finden Sie nachfolgend.

Seite 1 – 2: Was denkt ihr, hat der Gorilla vor? Seht ihr die kleine Maus? Was macht sie? Schaut euch nun den Käfig genau an. Wie sieht er aus? Was hat der Gorilla vor? Welche Farbe hat er? Welche Spielsachen könnt ihr entdecken?

Seite 3 – 4: Wie hat es der Gorilla aus dem Käfig geschafft? Schaut euch dafür den Käfig und den Schlüssel an. Fällt euch etwas auf? Was hat die Maus wohl vor? Was passiert mit dem Luftballon? Merkt der Zoowärter, dass der Gorilla hinter ihm ist? Was macht der Gorilla eigentlich dort? Stichwort Schlüssel: Fällt euch etwas auf? Was denkt ihr, warum der Zoowärter so seltsam geht?

Seite 5 – 6: Was denkt ihr, passiert als Nächstes? Schaut euch den Käfig des Elefanten einmal genau an.
Könnt ihr im Buch entdecken, was das Lieblingsgericht des Elefanten ist? Warum ist der Käfig wohl pinkfarben? (Tipp: Schaut euch einmal den Schlüsselbund an.) Seht ihr, was im Hintergrund fliegt?

Seite 7 – 8: Setzen Sie Impulswörter ein: Gorilla, Maus, Banane, Löwe, Hunger, Nachtwächter, Farbe des Käfigs, Schlüssel ... Wie gefallen euch die Gehege, mögt ihr die Farben? Was sind eure Lieblingsfarben? Wie sieht der Nachtwächter aus? Wer wünscht euch abends eine gute Nacht?

Seite 9 – 10: Wohin zeigt der Gorilla? Was liegt bei Hyäne und Giraffe im Käfig? Habt ihr ein Lieblingskuscheltier? Was braucht ihr zum Einschlafen? Woher weiß der Affe, welcher Schlüssel in welches Schloss passt? Wie sehen die Tiere aus, als sie aus dem Käfig steigen? Was macht die Maus mit der Banane?

Seite 11 – 12: Was ist im Gehege des Gürteltieres anders als bei den Tieren zuvor? Was liegt im Gehege? Was ist am Himmel zu sehen? Wieso steht die Maus so seltsam zwischen den Füßen der Giraffe? Was macht der Affe? Wohin gucken die Tiere? Könnt ihr euch vorstellen, warum der Zoowärter die Tiere nicht bemerkt? Wart ihr schon einmal so versunken, dass ihr nicht bemerkt habt, was um euch herum passiert?

Seite 13 – 14: Was fällt euch an den Tieren auf? Verstecken sie sich? Warum fällt dem Zoowärter immer noch nichts auf? Was fällt euch am Eingang zum Zoo auf? Welche Farben haben die Häuser im Hintergrund? Lassen Sie die Kinder von eigenen Besuchen im Zoo berichten.

Einstieg in die Geschichte (2) (ab 2 Jahren)

Seite 15 – 16: Was ist auf den Fotos zu sehen? Was vermuten die Kinder, warum die Tiere überall mit auf den „Fotos“ zu sehen sind? Kennen die Kinder solche Fotowände vielleicht sogar aus ihrem Zuhause? Was denkt ihr, wohin die Tiere gehen?
Machen Sie hier eventuell mit dem Angebot „Familie und Freunde“ (s. S. 39) weiter.

Seite 17 – 18: Wie wirkt das Schlafzimmer auf euch? Sind alle Tiere müde? Hat jedes einen Platz gefunden? Findet ihr alle Tiere? Warum wacht die Frau des Zoowärters nicht auf? Wohin sehen die Tiere?

Seite 19 – 22: Alle haben einen Platz im Schlafzimmer gefunden. Haben alle die Augen geschlossen? Woran hält sich der Elefant fest?
Die Kinder können nun gemeinsam oder nacheinander in unterschiedlichen Rollen und Stimmlagen die Gute-Nacht-Grüße der Tiere nachsprechen. Welches Tier lag an welcher Stelle? Welche Stimme könnte es haben? Folgt danach noch ein „Töröö“ oder „Piep, piep“? Lassen Sie die Kinder dabei ruhig albern sein.

Seite 23 – 26: Wie fühlt sich die Frau des Zoowärters, als ihr plötzlich so viele Stimmen antworten? Was denkt sie wohl? Habt ihr euch auch schon einmal in das Bett eurer Eltern geschlichen? Warum grinst der Gorilla wohl so frech? Alle Tiere schauen zur Frau hin. Warum könnten sie das tun? Wer ist auf dem Bild auf dem Nachttisch abgebildet? Wer oder was könnte das kleine Etwas in der Mitte sein?

Seite 27 – 28: Blättern Sie noch einmal zurück zu den Seiten 13 und 14 (als der Zoowärter die Haustüre aufschließt). Lassen Sie die Kinder auf den beiden Doppelseiten auf die Häuser achten. Was fällt ihnen hier auf? Vergleichen Sie gemeinsam die Häuser auf den beiden Doppelseiten. Wie ist die Reihenfolge der Tiere? Hat sie sich geändert? Was könnte als Nächstes passieren?

Seite 29 – 30: Wer ist hier wieder zu sehen? Wie viele Schatten stehen nun am Fenster des orangefarbenen Hauses? Bemerken die Kinder, dass der Gorilla mit ihnen kommuniziert? Was könnte er sagen wollen? Fragen Sie die Kinder, was sie antworten könnten. Würden sie ihn vielleicht sogar verpetzen? Was könnte der Grund sein, warum die Maus ihre Banane immer mitnimmt und noch nicht gegessen hat? Warum bemerkt die Frau nicht, dass ihr jemand folgt, und warum wünscht sie dem Zoo eine gute Nacht?

Seite 31 – 32: Was machen der Gorilla und die Maus? Was denkt ihr, wird die Frau etwas merken und die beiden wieder zurück in den Zoo bringen? Ist die Maus eigentlich ein Zootier? Könnte der Zoowärter etwas merken? Wollt ihr einmal nachprüfen, welche Schlüssel (Farben) in welcher Reihenfolge wieder am Schlüsselbund sind? Was wird die Frau dem Zoowärter wohl am nächsten Tag erzählen?

Seite 33 – 34: Lassen Sie die Kinder einmal aus dem Fenster auf der Seite blicken. Was fliegt da im Hintergrund? Woher kennt ihr den Luftballon? Schlaft ihr auch manchmal im Bett eurer Eltern? Was ist daran schön? Könnten der Gorilla und die Maus vielleicht ähnlich empfinden? Erinnert das Foto auf dem Nachttisch nicht auch an eine Familie? Warum haben die Maus und der Gorilla die Banane gerade jetzt gefressen? Was könnte am nächsten Tag passieren? Wie könnten der Zoowärter und seine Frau nach dem Aufwachen reagieren? Frühstücken sie vielleicht sogar alle zusammen? Und wenn ja: Was gibt es zum Frühstück? Wie geht es wohl den anderen Tieren, die in ihren Käfigen schlafen mussten? Wie geht es dem Gorilla und der Maus? Wie würde es den Kindern gehen, wenn sie bei ihren Eltern einschlafen und aufwachen könnten?

Der nächste Abend (ab 3 Jahren)

Material:
Bilderbuch „Gute Nacht, Gorilla“, Bildkarten „Der nächste Abend“ (s. u.), weiße DIN-A4-Blätter, Buntstifte und / oder Wachsmalstifte

Arbeitsanleitung:
1. Sehen Sie sich mit den Kindern das Buch an.
2. Sprechen Sie mit ihnen über den Inhalt.
3. Motivieren Sie die Kinder, nacheinander die Geschichte weiterzuerzählen. Was könnte am nächsten Abend passieren? Schafft es der Gorilla wieder, sich in das Bett zu schleichen? Oder ein ganz anderes Tier? Wie könnten die Tiere aus ihren Gehegen entkommen und wie könnten sie in die Wohnung des Zoowärters gelangen?
4. Wenn die Kinder etwas Inspiration brauchen, zeigen Sie ihnen die Bildkarten mit den Impulsbildern. Welche Geschichten fallen ihnen ein?
5. Danach darf jedes Kind eine Szene zum nächsten Abend malen.

Bildkarten „Der nächste Abend“

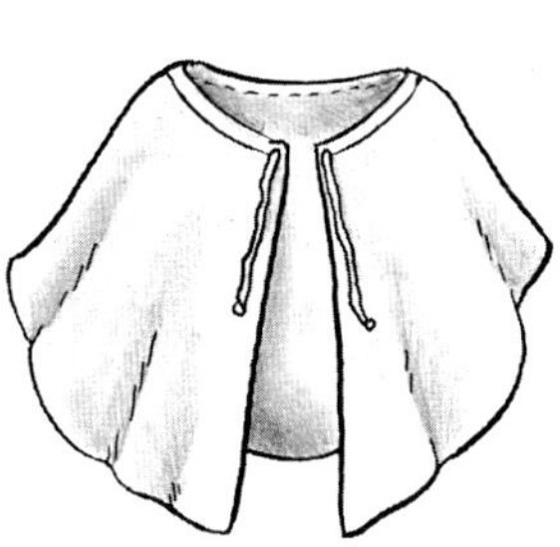

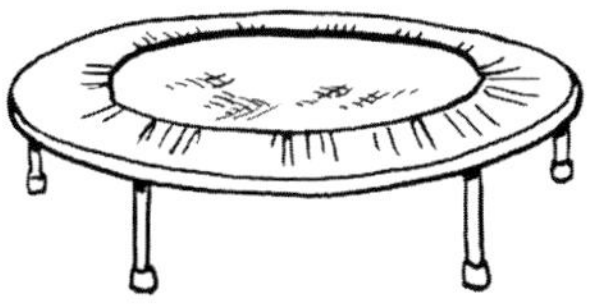

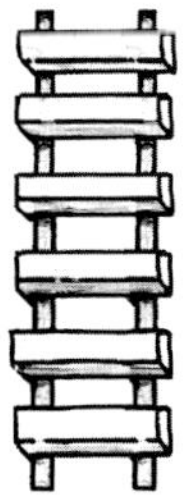

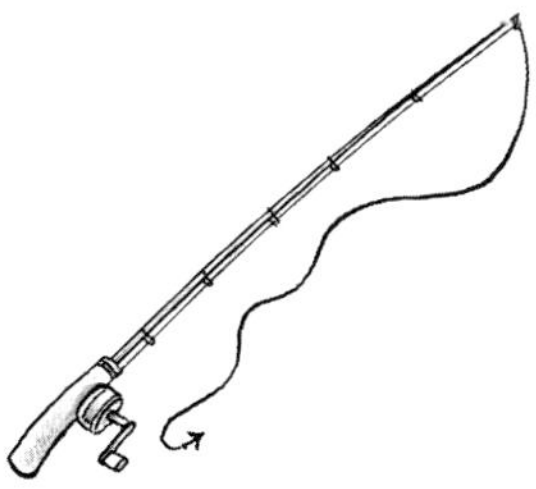

Ich sehe was, was du nicht siehst (ab 2 Jahren)

Material:
Bilderbuch „Gute Nacht, Gorilla“, evtl. Lupen

Spielanleitung:

1. Setzen Sie sich mit den Kindern in einen Kreis.
2. Legen Sie das Buch in die Mitte, damit alle Kinder gut hineinschauen können.
3. Jedes Kind bekommt eventuell eine Lupe, es geht aber auch ohne.
4. Nun können die Kinder eine Art „Ich sehe was, was du nicht siehst“-Spiel spielen. Sie können ihnen das zuerst einmal vormachen, indem Sie zum Beispiel sagen: „Ich sehe was, was du nicht siehst und das hat ein dunkles Fell.“ Für die Suche dürfen die Kinder die Lupen einsetzen, damit es lustiger wird. Wenn ein Kind den Gegenstand, die Person oder das Tier gefunden hat, können Sie eine weitere Sache vorgeben oder eines der Kinder kann es versuchen. Schlagen Sie dann die Seite um und wiederholen Sie das Spiel.

Sie können das Spiel auch so spielen, dass dabei Präpositionen geübt werden. Sagen Sie zum Beispiel: „Ich sehe wen, den du nicht siehst, und der macht sich unter dem Fenster ganz klein.“ oder „… und die kuschelt mit dem Gürteltier.“ oder „… versucht, sich hinter dem Vorhang zu verstecken.“

Natürlich können bei diesem Spiel auch andere Dinge aus dem Zimmer genannt werden, wie etwa der Wecker oder die Frau des Zoowärters. Die Kinder üben dann nicht nur zu beschreiben, was sie sehen, sondern auch Präpositionen zu bestimmen.

Erzähle! (für 2 – 3 Kinder) (ab 4 Jahren)

Material:
Bilderbuch „Gute Nacht, Gorilla“

Arbeitsanleitung:
Gehen Sie mit den Kindern in die Leseecke und halten Sie das Buch so, dass die Kinder gut hineinsehen können. Diesmal sollen die Kinder die Geschichte erzählen.

Es ist wichtig, dass Sie die Kinder nicht unterbrechen, verbessern oder eigene Interpretationen des Bildes äußern, wenn sie erzählen. Zwischendurch können Sie aber durch offene Fragen helfend eingreifen, wenn die Kinder nicht weiterwissen.

Welches Tier bin ich? (ab 4 Jahren)

Material:
Bildkarten „Zootiere“ (s. u.), Klebefilm, Buntstifte

Vorbereitung:
Kopieren Sie die Bildkarten „Zootiere“. Die Karten werden ausgeschnitten und eventuell angemalt.

Spielmöglichkeit:
Die Kinder kommen in Kleingruppen zusammen. Allen Kindern wird mit Klebefilm die Bildkarte eines Tieres auf die Stirn geklebt, ohne dass sie diese selbst sehen können. Reihum versuchen die Kinder nun zu erraten, welches Tier sie sind. Dabei dürfen sie nur Ja- oder Nein-Fragen an ihre Mitspieler stellen, wie zum Beispiel:

- Bin ich klein?
- Habe ich ein Fell?
- Kann ich schwimmen?

Solange die Fragen mit „Ja“ beantwortet werden, darf das Kind weiterfragen. Wenn eine Frage von den anderen Kindern mit „Nein“ beantwortet wird, ist der nächste Spieler an der Reihe.
Die Kinder, die ihr Tier erraten haben, legen ihre Karte in die Mitte.

Bildkarten „Zootiere“

Memo-Spiel (ab 3 Jahren)

Material:
Bildkarten „Zootiere“ (s. S. 9), „Haustiere“ (s. S. 12) und „Tier-Silhouetten“ (s. S. 13)

Vorbereitung:
Die gewünschten Bildkarten werden vorab in doppelter Ausführung kopiert.

Spielmöglichkeiten:

- Die Kinder spielen das Memo-Spiel nach den üblichen Regeln. Das Kind, das die Karten aufdeckt, benennt die jeweiligen Tiere bzw. Gegenstände.
- **Artikelübung:** Die Kinder nennen (mit Hilfestellung der Erzieherin) beim Aufdecken der Karten zusätzlich den Artikel (der, die oder das) des Tieres. Wird ein falscher Artikel genannt, ermuntert die Erzieherin das Kind, noch einmal nachzudenken. Gegebenenfalls dürfen die anderen Kinder helfen.
- **Mehrzahl üben:** Hat ein Kind ein Pärchen aufgedeckt, nennt es die Tiere bzw. Gegenstände in der Mehrzahl (z. B. die Hunde, die Hasen etc.).
- In mehrsprachigen Gruppen nennen die Kinder beim Aufdecken der Karten das Tier bzw. den Gegenstand zuerst in ihrer Erstsprache und anschließend auf Deutsch.
  Dabei können die anderen Kinder ggf. helfen.

Erzählwürfel (ab 3 Jahren)

Material:
Kopiervorlage „Erzählwürfel“ (s. 11), 1 Schere, Buntstifte, Kleber, Bilderbuch

Vorbereitung:
Der Würfel wird kopiert, ausgeschnitten, ausgemalt und zusammengeklebt.

Spielmöglichkeit:
Die Kinder sitzen im Kreis, das Bilderbuch liegt vor ihnen. Ein Kind würfelt. Zu dem gewürfelten Bild schauen sich die Kinder nun das Buch an. Liegt zum Beispiel der Gorilla oben, verfolgen sie den Handlungsstrang des Gorillas etc.

Erweiterungsmöglichkeit:

1. Die Kinder schauen sich die Seiten genau an.

2. Lassen Sie die Kinder überlegen, was die Tiere in den einzelnen Szenen wohl sagen könnten.

3. Nutzen Sie danach mit den Kindern den Erzählwürfel. Die Kinder wechseln sich beim Würfeln ab und erzählen dann, was das gewürfelte Tier wohl denken könnte. Es ist in Ordnung, wenn die Tiere dabei mehrfach gewürfelt werden.

Kopiervorlage „Erzählwürfel“

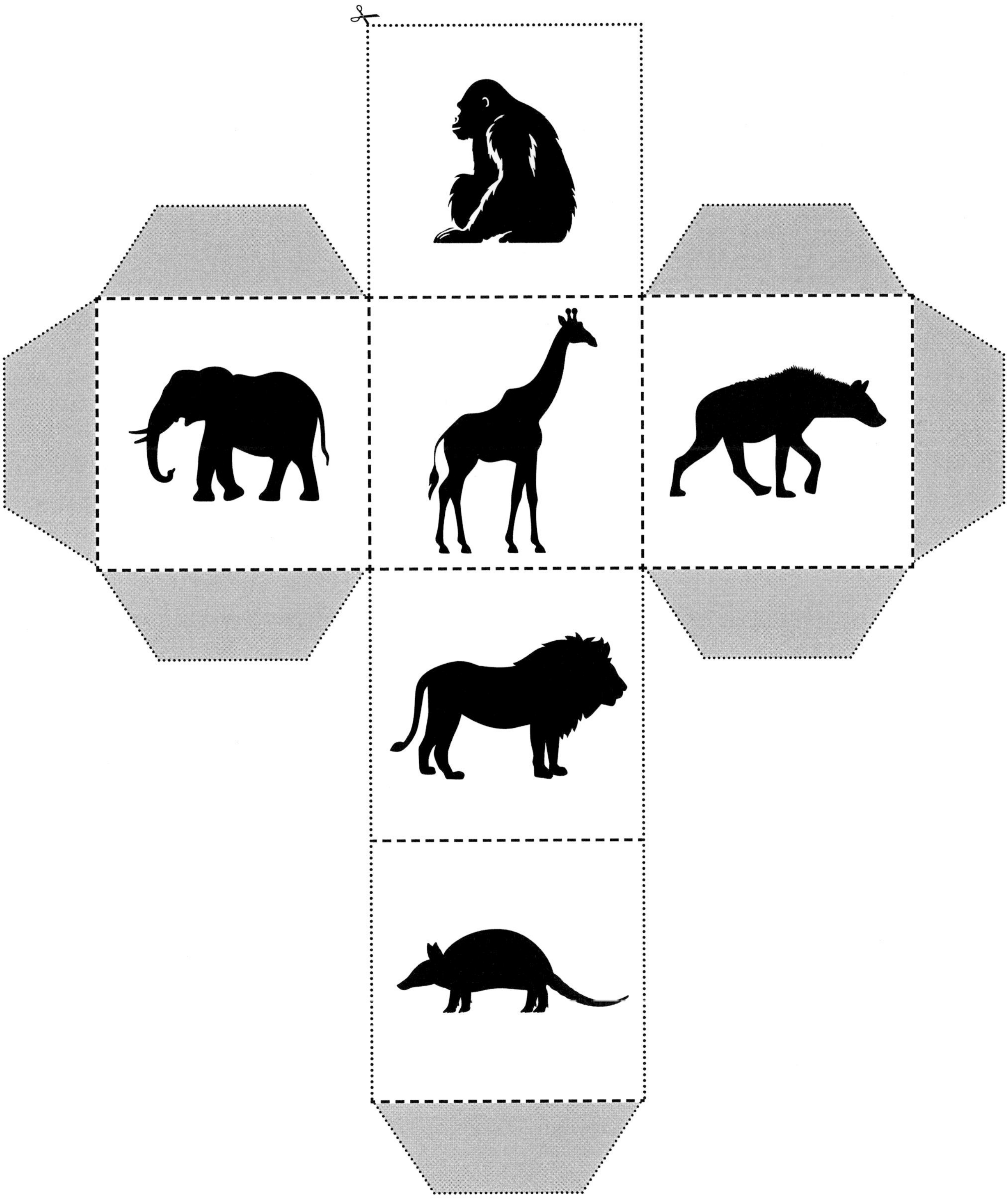

·········· = schneiden
– – – = knicken

Tiere sind Teil der Familie (ab 2 Jahren)

Material:
Kopiervorlage Bildkarten „Haustiere“ (s. u.), 1 Flasche

Spielablauf:
1. Setzen Sie sich mit den Kindern im Kreis zusammen.
2. Legen Sie die Bildkarten „Haustiere“ in die Mitte.
3. Sprechen Sie mit den Kindern darüber, dass der Zoowärter und seine Frau die Tiere wie Mitglieder ihrer Familie ansehen. Sie wünschen den Tieren eine gute Nacht und haben Fotos von ihnen im Flur hängen.
4. Drehen Sie nun wie beim Spiel „Flaschendrehen“ die leere Flasche. Das Kind, bei dem die Flasche zum Stillstand kommt, darf nun die Karte aussuchen, die zu seiner Familie passt und von seinem Haustier erzählen. Falls ein Kind kein Haustier hat oder nicht die passende Bildkarte dabei ist, kann es ein passendes Haustier oder ein Wunsch-Haustier auf eine Blanko-Karte malen.
   Motivieren Sie das Kind durch Nachfragen, zum Beispiel: Wie heißt dein Haustier? Weißt du, wie alt es ist? Was magst du an deinem Haustier? Was erlebst du mit deinem Tier? Was frisst es?
5. Dann ist das nächste Kind an der Reihe. Es darf nun an Ihrer Stelle die Flasche drehen und so das nächste Kind bestimmen.

Bildkarten „Haustiere“

Silben klatschen (ab 4 Jahren)

Material:
Buch

Spielmöglichkeit:
Wenn den Kindern die Namen der Tiere bzw. Gegenstände gut bekannt sind, können sie diese in Silben klatschen. Dazu nehmen Sie das Buch und zeigen auf ein Tier oder einen Gegenstand. Ein Kind spricht den Namen des Tieres oder Gegenstandes deutlich aus und versucht dann, diesen in Silben zu klatschen. Anschließen überlegen die Kinder gemeinsam, aus wie vielen Silben das Wort besteht. (Wie oft wurde geklatscht?)

Pantomime (ab 4 Jahren)

Material:
Buch, Bildkarten „Tier-Silhouetten"

Spielmöglichkeit:
Setzen Sie sich den Kindern gegenüber. Das erste Kind kommt dann zu Ihnen. Zeigen Sie ihm eine Karte mit einem Tier aus dem Buch. Das Kind stellt dann das abgebildete Tier pantomimisch dar. Die anderen Kinder raten, um welches Tier es sich handelt.
Das Kind, das zuerst richtig geraten hat, darf als nächstes eine Karte ziehen.

Bildkarten „Tier-Silhouetten“

Solche Schlingel (ab 2 Jahren)

Material:
Bilderbuch „Gute Nacht, Gorilla“ (Seite 31 – 32), Kopiervorlage „Kleid“ (s. u.), Buntstifte

Förderanleitung:

1. Schauen Sie sich mit den Kindern die Doppelseite 31–32 noch einmal in Ruhe an.

2. Die Kinder sollen jetzt auf die Details achten. Lenken Sie die Aufmerksamkeit gegebenenfalls auf die Blumenmuster, die überall zu finden sind.

3. Geben Sie nun jedem Kind eine Kopie des Kleides der Frau. Wie könnte wohl das Muster darauf aussehen? Die Kinder sollen nun versuchen, das Muster der Blumen nachzumalen. Dabei ist es natürlich zweitrangig, ob die Blumen denen im Buch ähneln. Es geht vielmehr darum, dass die Kinder es versuchen und so gleichsam ihre Feinmotorik schulen. Daher dürfen auch schon die Kleinsten das Kleid mit Krickel-Krakel bemalen.

Kopiervorlage „Kleid“

Guten Tag, Gorilla (ab 2 Jahren)

Material:
schwarze Fingerfarbe, Pinsel, 1 Blatt Papier DIN A4, Kopiervorlage „Kopf und Bauch“ (s. u.), graue und braune Farbstifte, Scheren oder Prickelnadeln, Kleber

Bastelanleitung:

1. Die Kinder bemalen eine Handinnenfläche und alle Finger bis auf den Mittelfinger mit der schwarzen Farbe.

2. Sie drucken die Hand dann mit den Fingern nach unten auf ein Blatt Papier. Über den Handabdruck wird noch ein Punkt für den Kopf gemalt. Er sollte etwas größer als die Vorlage des Kopfes sein.

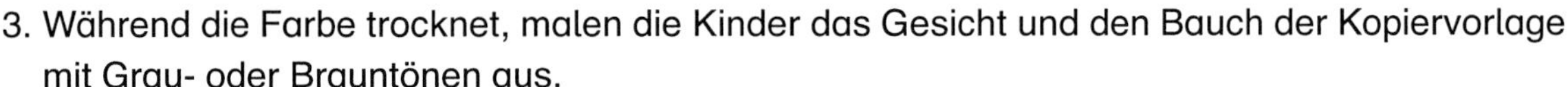

3. Während die Farbe trocknet, malen die Kinder das Gesicht und den Bauch der Kopiervorlage mit Grau- oder Brauntönen aus.

4. Danach schneiden oder prickeln sie beides aus.

5. Wenn die Farbe des Handabdrucks ganz getrocknet ist, wird der Kopf oben an die Hand und der Bauch in die Mitte des Handabdrucks geklebt.

Fertig ist der Gorilla!

Kopiervorlage „Kopf und Bauch“

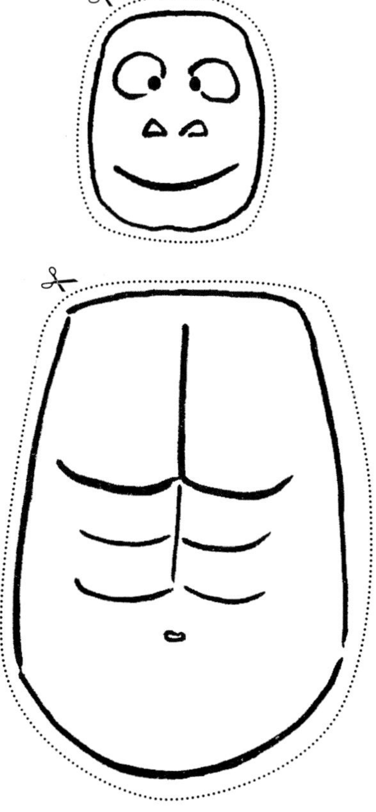

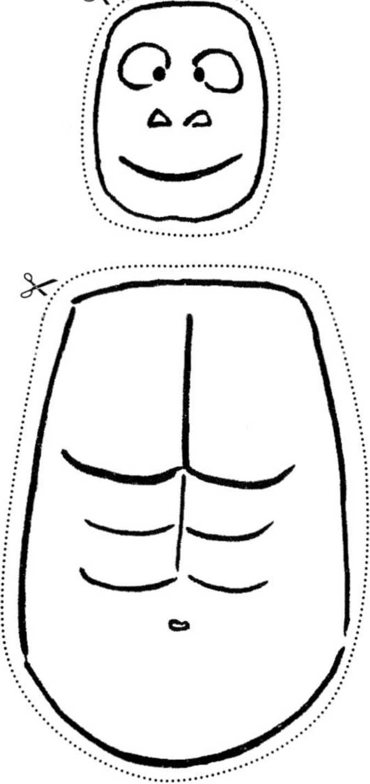

Murmel-Nachtlicht (ab 2 Jahren)

Material:
weißes Transparentpapier, runde Laternendeckel, Schuhkartondeckel, Murmeln, Acrylfarben, je Acrylfarbe 1 kleine Farbschale, 1 Schere, Kleber, evtl. Gummihandschuhe, elektrische Teelichter, evtl. Washi-Tape

Vorbereitung:
Schneiden Sie das Transparentpapier passend zum Laternendeckel in einen breiten Streifen.
Der Streifen muss in den Schuhkartondeckel passen. Füllen Sie die Acrylfarben in kleine Farbschalen.

Bastelanleitung:

1. Legen Sie den Streifen in den Schuhkartondeckel. Befestigen Sie ihn eventuell mit Washi-Tape, damit er besser kleben bleibt.
2. Dann suchen sich die Kinder insgesamt drei bis fünf Acrylfarben aus.
3. Sie nehmen dazu die passende Anzahl Murmeln.
4. Nun tunken die Kinder eine Murmel in die erste Farbe. Hierfür können sie gerne Gummihandschuhe anziehen, wenn sie die Farbe an ihren Fingern nicht mögen.
5. Diese Murmel legen die Kinder dann auf den Streifen in den Schuhkartondeckel.
6. Der Schuhkartondeckel wird nun langsam hin- und herbewegt, sodass die Murmel in alle Richtungen rollen kann.
7. Wenn das Kind genug von der ersten Farbe verteilt hat, kann es dasselbe mit der zweiten Farbe und einer zweiten Murmel machen.
   Es darf seine Murmel natürlich auch erst einmal mehrfach in *eine* Farbe tunken.
8. Wenn der Streifen bunt genug ist, kann er trocknen.
9. Sobald die Farbe getrocknet ist, wird der Streifen von außen an den unteren Laternendeckel geklebt.
10. Danach wird auch der obere Deckel befestigt.
11. Nun können die elektrischen Teelichter in die Laternen gestellt werden.

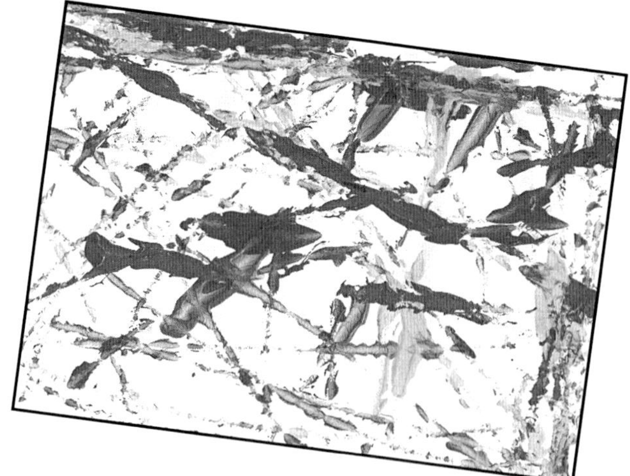

Giraffen, Elefanten und Gürteltiere (ab 4 Jahren)

Material:
Kopiervorlagen „Giraffe“, „Elefant“ und „Gürteltier“ (s. 18), gelbes, braunes und graues Tonpapier, Scheren, Prickelnadeln, selbstklebende Wackelaugen, Buntstifte, Kleber, Schnur

Vorbereitung:
Schneiden Sie (eventuell gemeinsam mit den Kindern) das Tonpapier in passende Streifen. Da die Kinder eine Hexenleiter pro Körperteil falten sollen, benötigen sie für jeden Hals, für jeden Schwanz und für alle Beine jeweils zwei Streifen:

- Giraffen-Hals: 3 x 18 cm
- Elefanten-Rüssel: 2 x 12 cm
- Gürteltier-Schwanz: 2 x 10 cm
- Beine (Giraffen und Elefanten): 1,5 x 10 cm
- Beine (Gürteltier): 1 x 8 cm

Bastelanleitung:

1. Die Kinder suchen sich eines der drei Tiere aus.
2. Zuerst malen sie die Kopiervorlage aus.
3. Dann kleben sie die Wackelaugen auf die Gesichter der Tiere. Beim Gürteltier kann ruhig auf beiden Seiten ein Wackelauge aufgeklebt werden.
4. Danach schneiden oder prickeln sie die Körperteile aus.
5. Wenn der Körper und das Gesicht fertig sind, können die Kinder die passenden Hexenleitern falten. Dazu legen sie einen Streifen senkrecht vor sich hin und kleben den zweiten Streifen waagerecht an den ersten.
6. Jetzt wird der senkrechte Streifen nach oben über den waagerechten geknickt.
7. Dann wird wieder der waagerechte über den senkrechten Streifen geknickt.
8. So machen sie weiter, bis die Hexenleiter fertig gefaltet ist.
9. Die Endstellen werden wieder mit Kleber fixiert.
10. Wenn die Hexenleiter-Körperteile fertig gefaltet sind, werden sie als Hals, Rüssel, Schwanz und Beine an die Körper bzw. bei der Giraffe an den Kopf und den Körper geklebt.
11. In den Kopf der Giraffe und des Elefanten sowie in den Rücken des Gürteltieres wird jeweils ein kleines Loch mit der Prickelnadel gestochen und ein Stück Schnur durchgezogen.
12. Nun können alle Tiere nebeneinander an einer Schnur, die durch den Raum geht, aufgehangen werden.

Kopiervorlagen „Giraffe“, „Elefant“ und „Gürteltier“

Schlüsselanhänger (ab 3 Jahren)

Material:
Kopiervorlage „Silhouetten“ (s. S. 20–21), Schrumpffolie, bunte Filzstifte, Scheren, 1 Prickelnadel, 1 Backofen, farbige dünne Bänder, farbige Perle (nicht zu klein), 1 Maßband, pro Kind 1 Schüsselbundring

Bastelanleitung:

1. Die Kinder suchen sich eine Silhouette aus.
2. Sie legen sie unter die Schrumpffolie und übertragen diese darauf.
3. Danach malen sie sie auf der Schrumpffolie bunt an. Dabei ist es egal, ob die Tiere in den natürlichen oder in bunten Farben angemalt werden. Die fertig angemalte Schrumpffolie wird mit etwas Rand ausgeschnitten oder ausgeprickelt.
4. Mit der Prickelnadel wird ein Loch oben in die Schrumpffolie hineingestochen. Eventuell muss das Loch nach dem Schrumpfvorgang noch einmal nachgestochen werden. Die Löcher müssen so groß sein, dass nach dem Schrumpfen oben das eine Band und unten noch zusätzlich ein zweites Band durchgezogen werden kann.
5. Dann wird die Schrumpffolie in den Backofen gelegt.
   Für das Schrumpfen der Folie beachten Sie bitte die Anweisungen des Herstellers!
6. Während die Folie im Ofen schrumpft, können sich die Kinder jeweils zwei Bänder und eine Perle aussuchen.
7. Ein Band wird als Hauptband ausgewählt. Es soll auf eine Länge von etwa 15 cm geschnitten werden.
8. Dieses Band wird mit einem Ankerstichknoten an den Schlüsselbundring geknotet.
9. Dann wird die Perle auf das Band gefädelt und bis zum Ring hochgezogen.
10. Unter der Perle wird ein normaler Knoten gemacht, sodass die Perle nicht herunterrutschen kann.
11. Nun wird die geschrumpfte Folie durch das erste Band mit dem Schlüsselanhänger verbunden. Führen Sie das Band dafür durch das obere Loch hinter dem Folienbild entlang. Lassen Sie es dann von hinten nach vorne am unteren Loch wieder herauskommen.
12. Das zweite Band wird auf eine Länge von 12 bis 18 cm gekürzt. Es wird am unteren Loch zusätzlich so durchgezogen, dass beide Enden gleich lang sind.
13. Beide Bänder werden dann mit einem gemeinsamen Knoten unter der Schrumpffolie verschnürt. Falls das erste Band noch zu lang sein sollte, wird es passend zu dem anderen Band gekürzt.

Kopiervorlage „Silhouetten“ (1)

(Bitte hochkopieren.)

Kopiervorlage „Silhouetten“ (2)

(Bitte hochkopieren.)

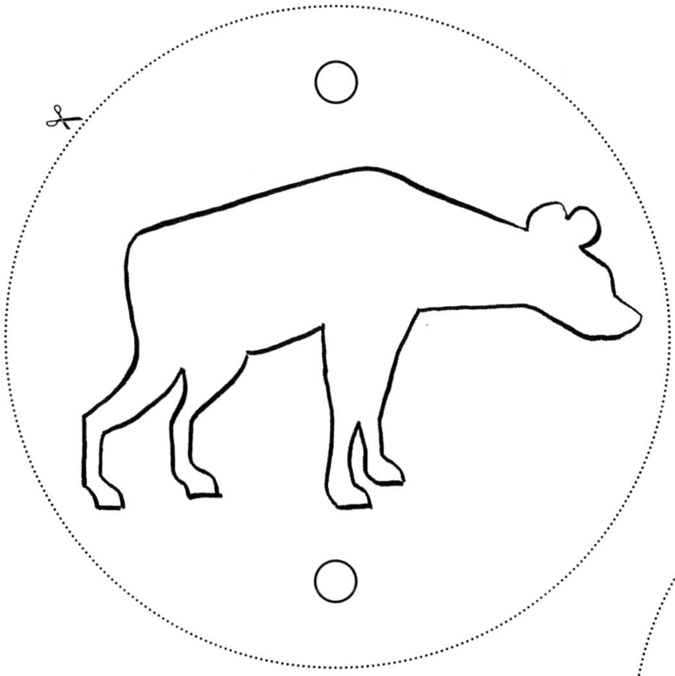

Gürteltier (ab 4 Jahren)

Material:
Kopiervorlage „Gürteltier“ und „Streifen“ (s. u.), Tonkarton, Kleber, Scheren, farbige Blätter, Stifte

Bastelanleitung:
1. Jedes Kind bekommt die Kopiervorlagen. Es schneidet die Streifen für das Gürteltier aus.
2. Dann werden die Streifen auf buntes Papier übertragen und ausgeschnitten.
3. Nun suchen sich die Kinder jeweils ein farbiges Blatt aus.
4. Sie schneiden den Körper aus und kleben ihn auf das Blatt.
5. Danach kleben sie die Streifen hintereinander auf den Bauch des Gürteltieres.
6. Wenn alles aufgeklebt ist, können sie einen Mund und ein Auge aufmalen.

Kopiervorlage „Gürteltier“ und „Streifen“

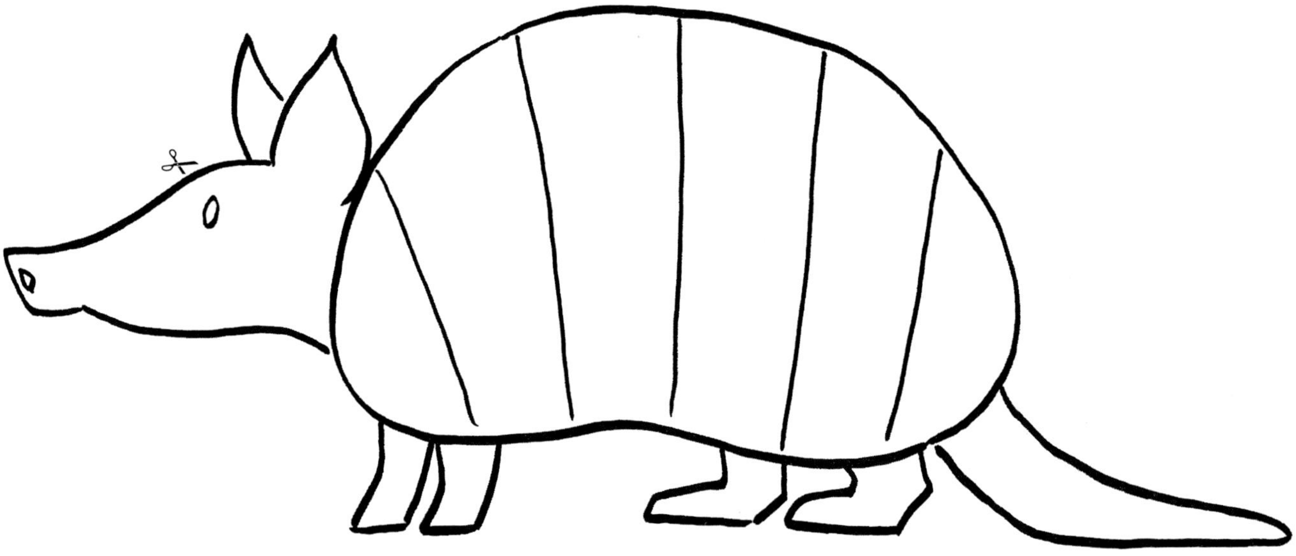

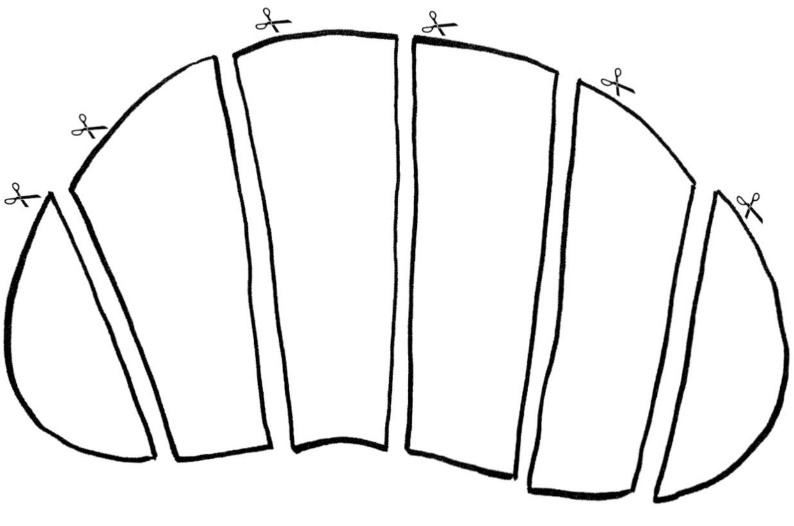

Musikalisches Erzählen (ab 2 Jahren)

Material:
1 Schlüsselbund, 1 Rassel, 1 Trommel, 1 Mobiltelefon mit Aufnahmefunktion o. Ä.

Vorbereitung:
Es gibt 8 Stimmen und 3 Instrumente zu verteilen.

Stimmen:
- Gorilla *(brüllen)*
- Maus *(piepen)*
- Elefant *(tröten)*
- Löwe *(brüllen)*
- Giraffe *(Giraffen machen eine Mischung aus „mähen“ und „muhen“)*
- Hyäne *(lachen)*
- Zoowärter *(„Gute Nacht, Tier einsetzen“)*
- Frau des Zoowärters *(„Gute Nacht, Liebling“)*

Instrumente:
- Schlüsselbund
- Rassel (Gürteltier)
- Trommel (Fußstapfen des Zoowärters)

Arbeitsanleitung:
1. Wenn die „Rollen“ verteilt sind, stellen sich die Kinder im Kreis auf.
2. Nehmen Sie das Buch zur Hand. Lesen bzw. erzählen Sie zu den einzelnen Seiten. Die Kinder machen die passenden Geräusche dazu. Auf der ersten Doppelseite wünscht der Zoowärter dem Gorilla eine gute Nacht, seine Schritte *(Trommel)* sind leise zu hören.
3. Zweite Doppelseite: Der Schlüsselbund darf geschüttelt werden. Die Maus piepst und der Gorilla brüllt leise. Wieder sind Schritte zu hören.
4. Dritte Doppelseite: Der Elefant trötet, die Maus piepst und der Gorilla brüllt. Der Zoowärter sagt dem Elefanten gute Nacht. Schritte und der Schlüsselbund sind zu hören.
5. Vierte Doppelseite: Es geht weiter mit dem Löwen, dem Elefanten, der Maus, dem Gorilla, dem Zoowärter, dem Schlüsselbund und der Trommel für die Schritte.
6. ...

Auf diese Weise untermalen die Kinder jede Doppelseite. Wiederholen Sie ruhig immer wieder die Tierlaute bei allen Seiten, auf denen die entsprechenden Tiere zu sehen sind.
Auf der Seite, auf der alle Tiere ins Bett gehen, können die Tiere auch in ihrer eigenen Art „gähnen“.
Wenn das Licht ausgemacht wurde und alle „Gute Nacht“ sagen, trompeten, brüllen oder piepen die Tiere ihr „Gute Nacht“ auf ihre ganz eigene Art, sobald sie an der Reihe sind.
Hier beachten Sie bitte die Reihenfolge auf der Buchseite.

Zooschein-Sonate (ab 2 Jahren)

(Melodie: traditionell nach „Ein Vogel wollte Hochzeit machen“ / Text: Mila Hees)

Im Zoo da laufen alle rum.
Kennt ihr die Geschichte?
Alle Tiere raus, alle Tiere raus. Alle Tiere raus, raus, raus!

Ein Gorilla, der ist sehr frech,
klaut den Schlüsselbund von Joe in echt.
Gute Nacht, Nacht, Nacht! Gute Nacht, Nacht, Nacht! Gute Na-a-a-a-acht!

Dann lässt er alle Tiere frei,
die kleine Maus ist auch dabei.
Gute Nacht, Nacht, Nacht! Gute Nacht, Nacht, Nacht! Gute Na-a-a-a-acht!

Der Zoowärter, der merkt gar nichts,
nimmt mit ins Haus bei Mondschein-Licht.
Alle Tiere mit! Alle Tiere mit! Alle Tiere mit, mit, mit!

Im Haus verstecken sie sich rasch,
ein Platz im Bett ist auch erhascht.
Gute Nacht, Nacht, Nacht! Gute Nacht, Nacht, Nacht! Gute Na-a-a-a-acht!

Die Frau erschreckt dann aus dem Schlaf,
bringt Gorilla zurück ganz brav.
Nimmt die Tiere mit! Nimmt die Tiere mit! Nimmt die Tiere alle mit!

Doch Gorilla und auch die Maus,
schaffen es zurück ins warme Haus.
Kuscheln sich ins Bett! Kuscheln sich ins Bett! Kuscheln sich ins warme Bett!

Abendbrot (ab 5 Jahren)

Die Tiere haben Hunger.

Verbinde, was sie als Abendbrot fressen möchten.

Manchmal mögen auch mehrere Tiere eine Leckerei.

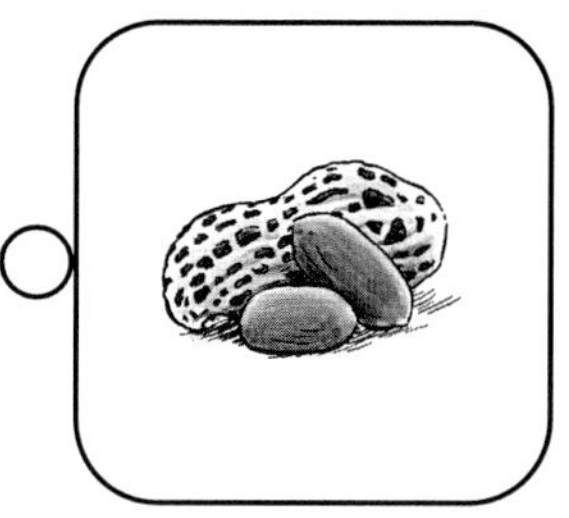

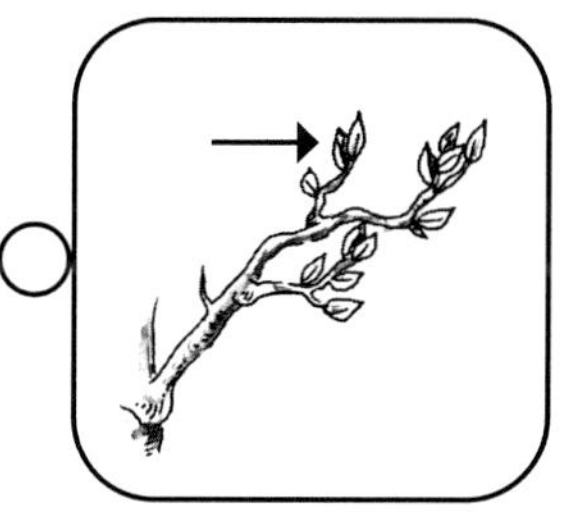

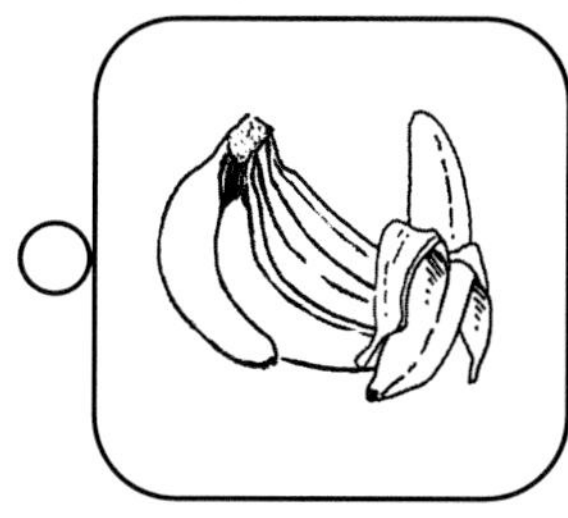

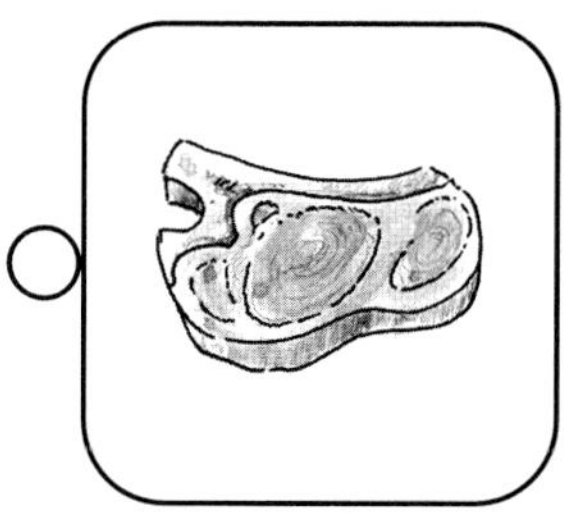

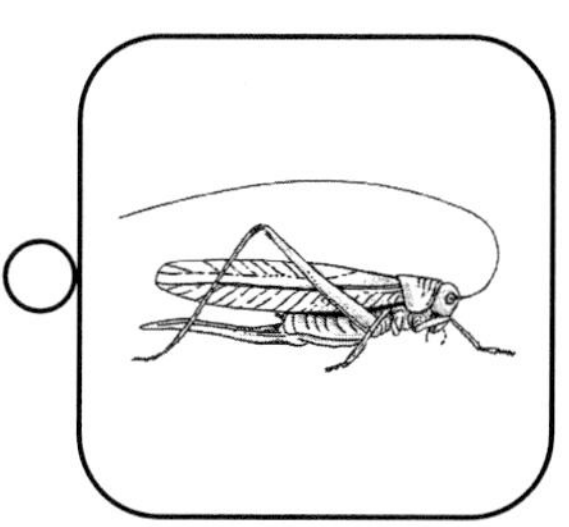

Wir bauen einen Zoo (ab 2 Jahren)

Material:
Kopiervorlage „Schlüssel" (s. u.), 1 Schere, Farbstifte, ggf. 1 Laminiergerät und -folie, Draht oder Wolle, Bausteine in Rot, Pink, Blau, Grün und Gelb, Tierfiguren (passend zum Buch), 1 männliche Figur, evtl. Locher oder Prickelnadel

Vorbereitung:
Kopieren Sie die Schlüssel und malen Sie sie gemeinsam mit den Kindern farbig an. Die Farben sollen dabei zu den Schlüsselfarben im Buch passen, also rot, pink, lila, blau, grün und gelb. Damit sie länger halten, können Sie die Schlüssel laminieren. Machen Sie in die vorgegebene Stelle ein Loch in die Schlüssel (z. B. mit einem Locher oder einer Prickelnadel), um sie dann am Drahtstück oder der Wolle aufzufädeln. Verknoten sie den Draht oder die Wolle, sodass ein Schlüsselbund entsteht.

Arbeitsanleitung:
1. Die Kinder können aus den Bausteinen passende Gehege für die einzelnen Tiere bauen.
2. Sie sollen sich bei der Auswahl der Farben am Buch orientieren.
3. Die Gehege werden wie an einer Straße nebeneinander aufgestellt.
4. In jedes Gehege wird das passende Zootier gestellt.
5. Die männliche Figur ist hierbei natürlich der Zoowärter. Bei ihm liegt zu Beginn der Schlüsselbund.
6. Nun können die Kinder die Geschichte frei nacherzählen und die Szenen nachspielen.

Kopiervorlage „Schlüssel"

(Bitte zweimal kopieren.)

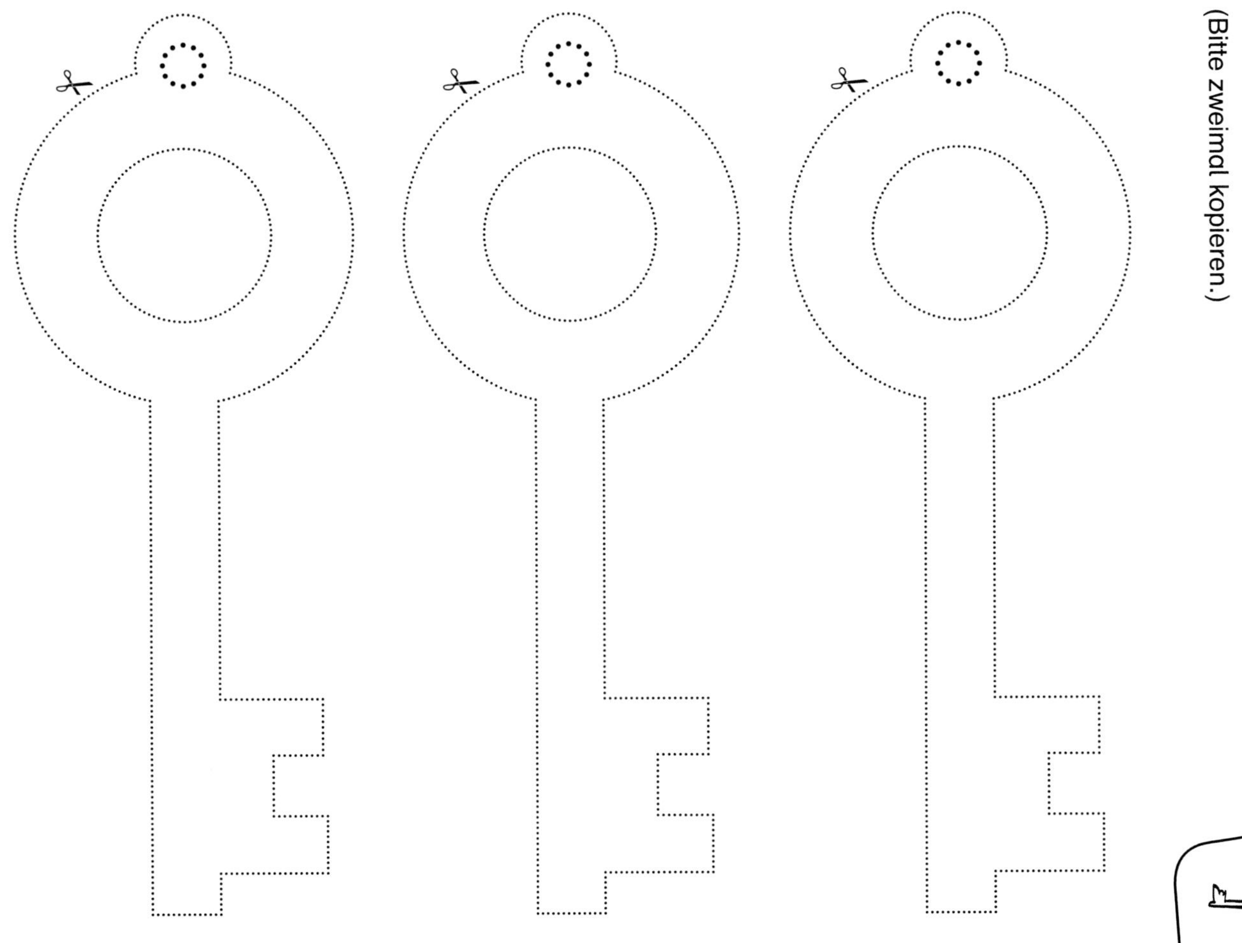

Was gehört zu wem? (ab 4 Jahren)

Welche Körperteile gehören zusammen?
Verbinde sie miteinander.

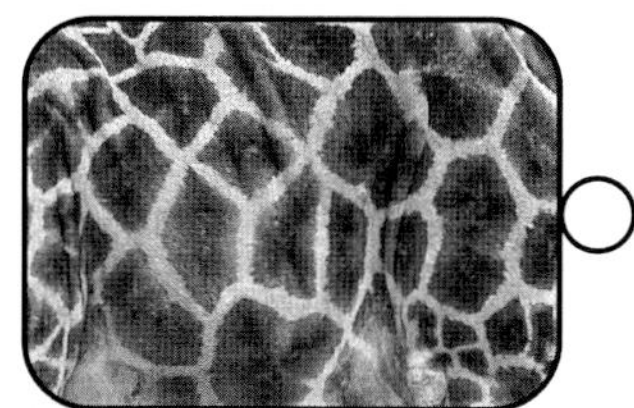

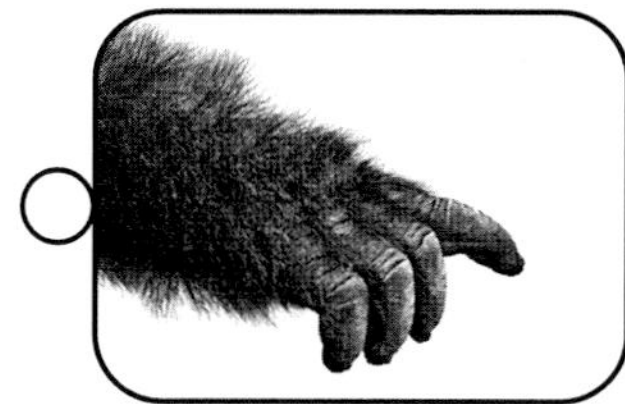

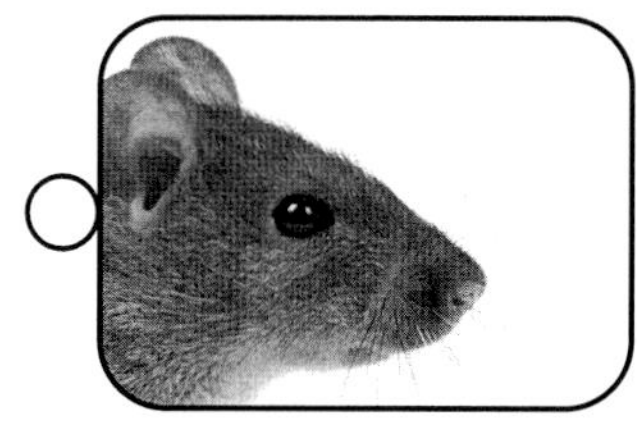

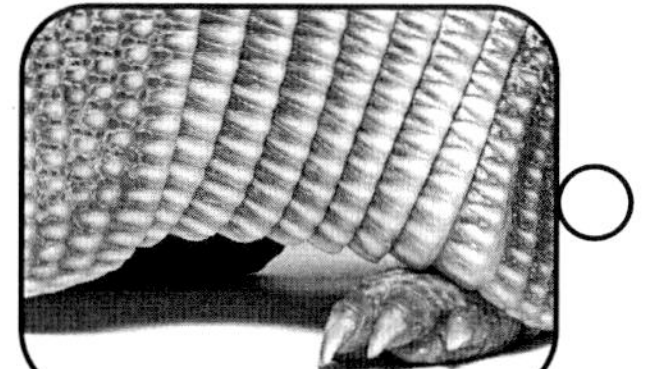

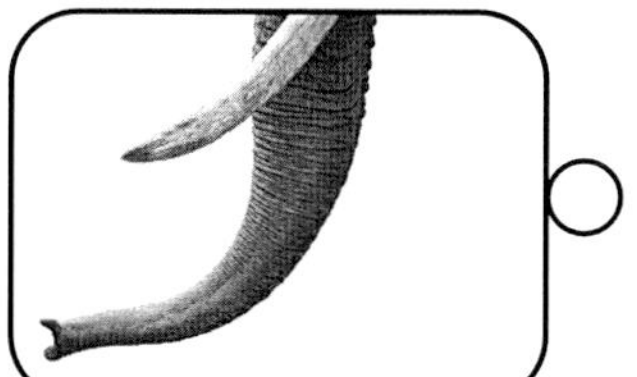

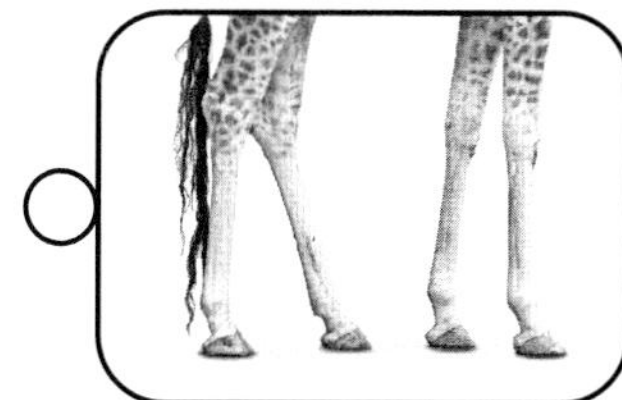

Bananenpudding (ab 2 Jahren)

Zutaten (für 8 – 10 Portionen):
3 – 4 Bananen, 1 Liter Milch, 1,5 EL Zucker oder Honig,
1 Esslöffel Speisestärke, etwas kaltes Wasser oder Milch

Arbeitsmittel:
1 große Schüssel, 1 Glas, Gabeln, 1 Topf, 1 Esslöffel,
1 Herd, 1 Schneebesen, kleine Schalen

Zubereitung:

1. Schälen Sie die Bananen gemeinsam mit den Kindern.

2. Legen Sie diese dann in die große Schüssel.

3. Drücken Sie die Bananen mit Gabeln zu Brei oder lassen Sie dies die Kinder machen.

4. Bereiten Sie oder ein Kind ein Glas vor, in dem die Speisestärke mit kaltem Wasser oder Milch vermischt wird. Rühren Sie oder das Kind die Speisestärke mit der Flüssigkeit so lange um, bis sich die Speisestärke klumpenfrei aufgelöst hat. Am besten benutzen Sie hierfür ebenfalls eine Gabel.

5. Lassen Sie das Kind dann die Milch mit dem Zucker oder dem Honig und dem Bananenbrei in den Topf geben.

6. Erhitzen Sie nun die Milch mit den Zutaten.

7. Wenn das Milch-Bananen-Gemisch aufkocht, kann ein Kind mit einem Schneebesen die aufgelöste Speisestärke hineinrühren. Gut umrühren ist hier wichtig, damit es keine Klumpen gibt!
   Schütten Sie nicht direkt das ganze Glas zum Verdicken in den Pudding. Rühren Sie erst die Hälfte hinein und schauen Sie, ob der Pudding schon die gewünschte Konsistenz hat.
   Wenn er Ihnen noch zu flüssig erscheint, rühren Sie mehr Speisestärke hinein.

8. Füllen Sie den Pudding danach in die kleinen Schalen. Lassen Sie den Pudding außerhalb des Kühlschranks abkühlen! Stellen Sie ihn erst – wenn überhaupt nötig – in den Kühlschrank, wenn der Pudding auf Raumtemperatur abgekühlt ist.

Guten Appetit!

Elefantige Erdnussbutter (ab 2 Jahren)

Zutaten:
130 g geschälte Erdnüsse, 1 EL Ahornsirup oder Zucker, Salz, 1 EL Erdnussöl oder neutrales Sonnenblumenöl

Arbeitsmittel:
1 beschichtete Bratpfanne, 1 Herd, 1 Pfannenwender, 1 hohes Gefäß, 1 Pürierstab / Küchenmaschine mit Pürierfunktion, 2 Esslöffel, Einmachgläser oder leere und saubere Marmeladengläser

Zubereitung:

1. Rösten Sie die Erdnüsse leicht und ohne Fett in der Pfanne. Stellen Sie die Temperatur dabei nicht zu hoch und drehen Sie die Nüsse mit dem Pfannenwender mehrfach um.

2. Wenn die Erdnüsse anfangen zu duften, nehmen Sie sie vom Herd.

3. Schütten Sie oder ein Kind sie dann in das hohe Gefäß oder die Küchenmaschine.

4. Der Ahornsirup beziehungsweise der Zucker sowie etwas Salz werden dazugegeben.

5. Pürieren Sie oder ein Kind die Masse. Tropfenweise wird Öl hinzugefügt, aber nur so viel, bis Ihnen die Konsistenz gefällt. Sie können das Ganze komplett cremig pürieren oder Stückchen in der Erdnussbutter lassen.

6. Schmecken Sie die Erdnussbutter ruhig ab und süßen oder salzen Sie sie zusätzlich nach. Die Geschmäcker sind bekanntlich ja verschieden. Lassen Sie auch die Kinder probieren. Naschen ist doch das Schönste am Kochen und Backen.

7. Füllen Sie die Butter dann in die Einmach- oder Marmeladengläser.

8. Lagern Sie die Gläser kühl.

Tipp:
Die Erdnussbutter eignet sich hervorragend zum Verschenken oder zum Verzehr bei einem tollen Kita-Frühstück.

Achtung:
Klären Sie im Vorfeld unbedingt, ob es **Allergien** oder **Unverträglichkeiten** bei den Kindern gibt.

Lecker Löwen-Brot (ab 2 Jahren)

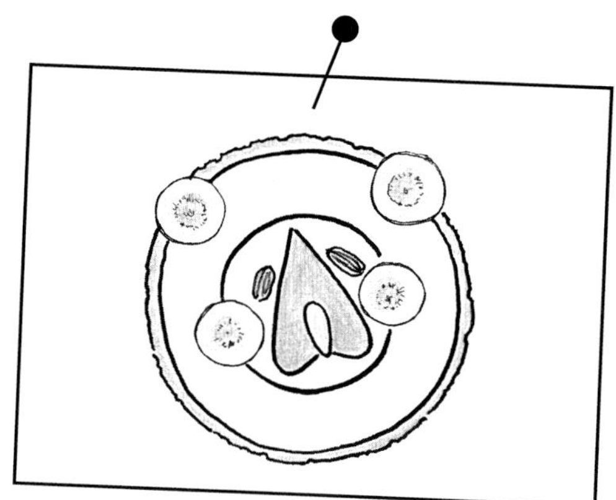

Zutaten (pro Kind):
1 – 1,5 Scheiben Vollkornbrot, 1 Scheibe Cheddar (je nach Scheibengröße reicht auch eine halbe Scheibe), etwas Schmierkäse, 2 Rosinen, 1 Mandel, 4 kleine Möhrenscheiben

Arbeitsmittel:
1 etwas größere runde Ausstechform (Durchmesser etwa 7 – 9 cm), 1 kleinere runde Ausstechform (Durchmesser etwa 2 – 3 cm kleiner als bei der großen Ausstechform), 1 Herz-Ausstechform (etwa so groß wie die kleinere Ausstechform), 1 Schneidebrett, Küchenmesser, Schmiermesser, 1 Teller pro Kind, 1 Schneidemesser

Zubereitung:

1. Die Kinder stechen zuerst mit der größeren Ausstechform ihren Kreis aus der Brotscheibe aus.
2. Die nun runde Scheibe wird mit etwas Schmierkäse bestrichen.
3. Wenn noch genügend Brot von der Scheibe übrig ist, stechen sie hiervon auch noch das Herz aus. Ansonsten nehmen sie eine weitere halbe Scheibe.
4. Dann stechen sie denselben Kreis wie oben im ersten Schritt aus der Scheibe Cheddar heraus.
5. Hierbei wird dann aber noch mittig der kleinere Kreis aus dem größeren Kreis herausgestochen, sodass ein Kranz entsteht.
6. Dieser Käsekranz wird als Löwenmähne auf das runde Brot gelegt.
7. Danach bestreichen die Kinder auch das Herz mit Schmierkäse.
8. Das Herz wird dann mit der Spitze nach oben auf die freie Brotstelle innerhalb der Käsemähne gelegt. Die Rundungen des Herzes sollen die Wangen des Löwen darstellen.
9. Nun werden die Rosinen als Augen aufgelegt. Die Mandel wird als Nase mit der runden Seite zwischen den Augen platziert.
10. Die Möhrenscheiben werden jeweils links und rechts als Wangen neben die Nase sowie links und rechts schräg oberhalb der Augen als Ohren auf die Cheddar-Mähne aufgelegt.

Fußspuren (ab 5 Jahren)

Wem gehören die Fußspuren? ✎ Verbinde die Pfotenspuren mit den richtigen Tieren.

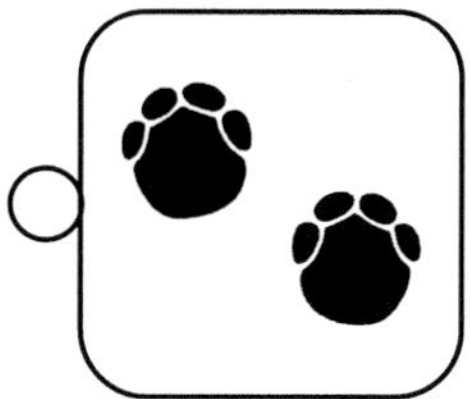

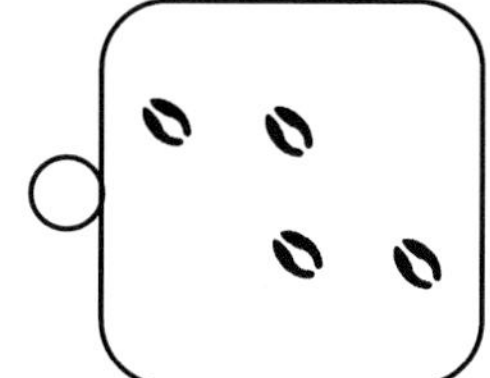

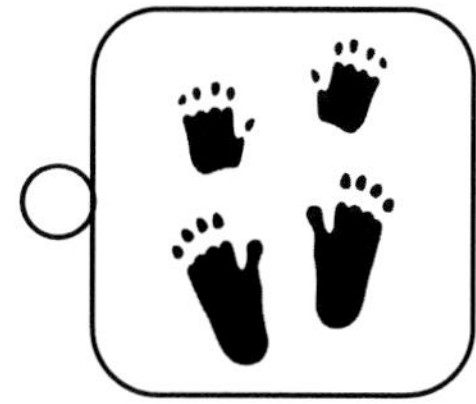

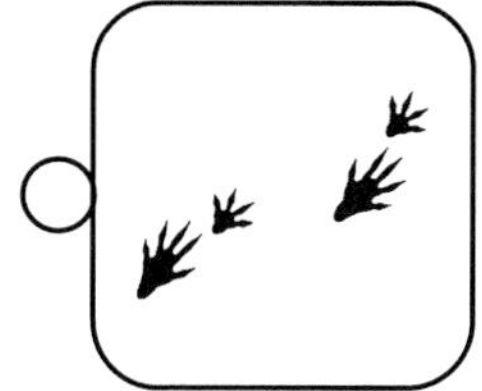

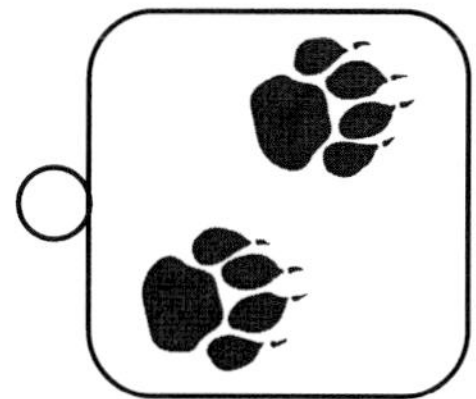

Bananen (ab 4 Jahren)

Wie viele Bananen siehst du hier? ✎ Zähle und verbinde

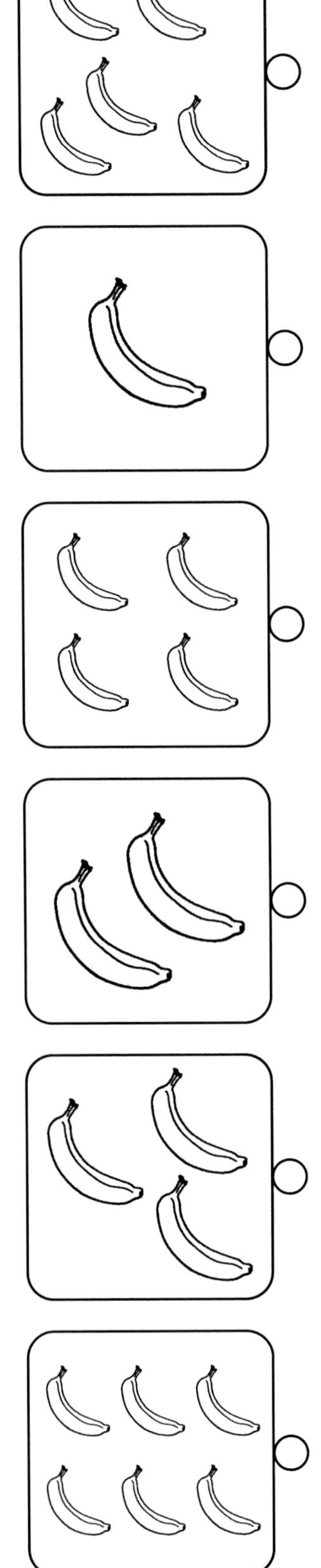

Male das Muster (ab 4 Jahren)

 Male das farbige Muster weiter.
Deine Erzieherin gibt dir das Farbmuster vor.

1

blau	gelb	rosa	grün				

2

gelb	pink	lila	blau				

3

rot	rot	grün	grün				

4

blau	grün	lila	orange				

Reise durch den Zoo (1) (ab 2 Jahren)

Material:
Entspannungsgeschichte (s. u.), Matten, Kissen, evtl. Decken, indirekte Beleuchtung

Arbeitsanleitung:

1. Die Kinder legen sich bequem auf ihre Matten. Der Kopf ruht auf einem Kissen und die Körper werden evtl. mit Decken zugedeckt.

2. Stellen Sie die indirekte Beleuchtung an.

3. Lesen Sie den Kindern dann die Entspannungsgeschichte vor. Machen Sie nach jedem Absatz eine Pause. Die Kinder dürfen gerne die Augen schließen, wenn sie möchten.

Entspannungsgeschichte

Es ist ein wunderschöner Samstag. Du gehst mit deiner Familie in den Zoo. Die Sonne scheint dir warm ins Gesicht und du lächelst zufrieden.

Als Erstes kommt ihr am Affengelände und am Affenhaus vorbei. Die Orang-Utans sitzen entspannt in ihrem Freigehege und fressen Blätter. Sie schauen zu dir herüber und es scheint so, als ob sie dir winken würden. Kann das sein?

Ah, da sitzen ja auch die Gorillas. Es ist eine richtige kleine Familie, so wie deine. Auch ein Gorillajunges ist dabei. Du schaust ihnen beim Spielen zu. Jetzt freust du dich umso mehr, dass auch deine Familie dabei ist.

Als ihr weitergeht, kommt ihr an bunten Vögeln vorbei. Was für ein Farbenspiel: Rote, gelbe, blaue und lilafarbene Vögel sind zu sehen. Siehst du sie vor deinen Augen? Stelle dir jede Farbe einzeln vor: rot, gelb, blau und lila.

Nachdem ihr euch wieder auf den Weg gemacht habt, hörst du schon die Elefanten. Es ist, als würden sie ein munteres Lied trompeten, um dich zu begrüßen. Törööö, Törööö …
Du bleibst vor dem Gehege stehen und hörst ihnen aufmerksam zu.

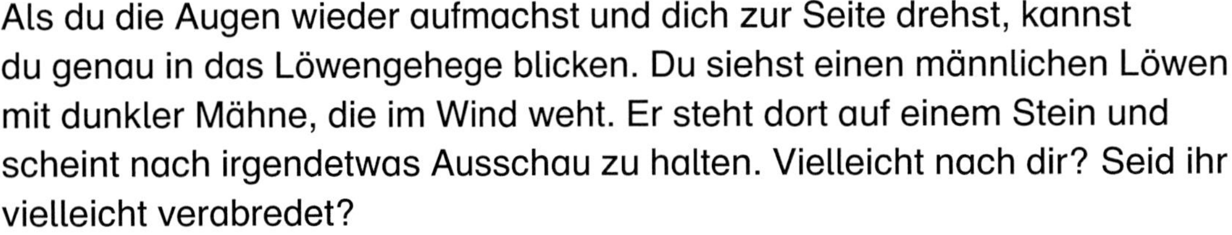

Als du die Augen wieder aufmachst und dich zur Seite drehst, kannst du genau in das Löwengehege blicken. Du siehst einen männlichen Löwen mit dunkler Mähne, die im Wind weht. Er steht dort auf einem Stein und scheint nach irgendetwas Ausschau zu halten. Vielleicht nach dir? Seid ihr vielleicht verabredet?

Reise durch den Zoo (2) (ab 2 Jahren)

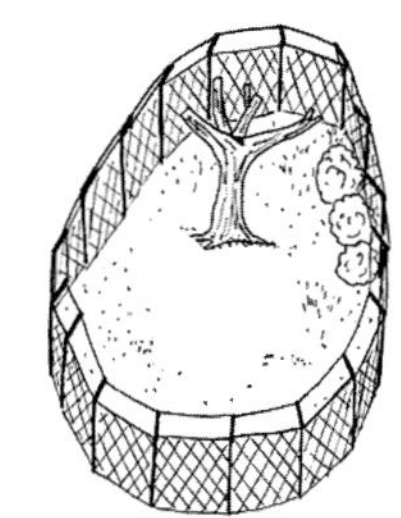

Da du aber endlich einmal deine alten Freunde, die Hyänen besuchen möchtest, machst du dich nach einem kurzen „Hallo, Löwe“ wieder mit deiner Familie auf den Weg. Von Weitem kannst du schon die Giraffen mit ihren langen Hälsen erkennen, denn sie wohnen direkt neben den Hyänen. Die Giraffen scheinen dich auch schon entdeckt zu haben.

Das ist ja auch nicht so schwer, wenn man von dort oben alles sehen kann. Sie scheinen es den Hyänen erzählt zu haben, denn du hörst sie schon laut „lachen“. Sie freuen sich auf dich!

Aber Moment mal, da schleicht etwas um deine Beine herum und schaut dich mit großen runden Augen an. Ist das etwa eine Katze? Nein, nein! Es ist das Gürteltier! Ist es schon wieder aus seinem Gehege ausgebrochen? Es rollt sich vor Freude zusammen. Dann springt es wieder auf und schmust um deine Beine herum.

Ah, da kommt auch schon der Zoowärter, um es wieder einzufangen. Er erzählt dir, dass das Gürteltier Heribert heißt und dass es sich immer so sehr über Besucher freut, dass es regelmäßig aus dem Gehege verschwindet. Das kannst du gut verstehen!

Nun aber schnell zu den Hyänen. Auf dem Weg dorthin entdeckst du rechts von dir noch zwei Riesenschildkröten auf der Wiese. Sie rupfen sich genüsslich ein paar Büschel Gras heraus. Da merkst du, wie du auch langsam Hunger bekommst.

Bei den Hyänen angekommen, setzt ihr euch erst einmal auf eine Bank und genießt das laute Spektakel. Allmählich wirst du aber richtig müde. Also macht ihr euch auf den Weg nach Hause. „Wir essen nur noch schnell zu Abend“, sagt Mama. „Dann ist für dich Schlafenszeit und ich sage dir: ‚Gute Nacht, mein Schatz‘!“

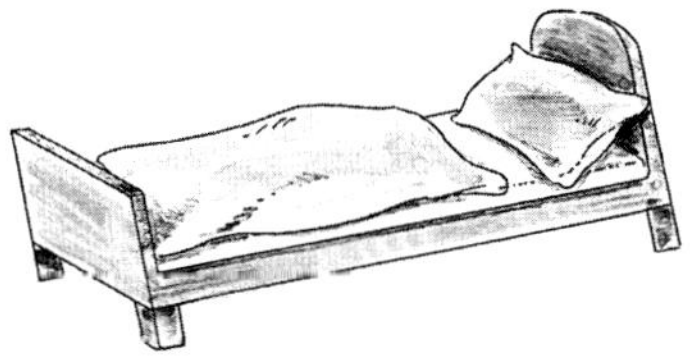

Geschichten ertasten (ab 4 Jahren)

Material:
1 Fühlbeutel o. Ä., Tierfiguren passend zum Buch, Buch „Gute Nacht, Gorilla“
für Variante 1: Tierfiguren passend zur Geschichte, 1 Figur „Zoowärter“, 1 Figur „Frau“
für Variante 2: weitere Tierfiguren

Arbeitsanleitung:
Variante 1:

1. Setzen Sie sich mit einigen Kindern in einen Kreis.

2. Erzählen Sie oder die Kinder anhand des Buches die Geschichte.

3. Bei der ersten Doppelseite bekommt ein Kind den Fühlbeutel und versucht, den Gorilla herauszufühlen und in die Hand zu nehmen.

4. Dann bekommt das nächste Kind den Beutel und muss den Zoowärter erfühlen.

5. So geht es bei jedem neuen Tier sowie der Frau des Zoowärters weiter.

6. Die Kinder können die ganze Zeit die einzelnen Szenen mit ihren Figuren spielerisch begleiten.

Variante 2:
1. So viele Kinder, wie Figuren im Beutel sind, finden sich im Kreis zusammen.

2. Geben Sie den Kindern den Rahmen einer Geschichte vor, zum Beispiel:
„Jelle geht heute mit seiner Familie in den Zoo. Dort begegnet er einigen Tieren und Menschen …“

3. Das erste Kind zieht daraufhin irgendeine Figur aus dem Beutel und führt die Geschichte ein Stück fort. Wenn es einen Nasenbären als Figur gezogen hat zum Beispiel so: „Dort trifft er auf einen Nasenbären. Den Nasenbären findet er total lustig, weil er so eine lange Nase hat.“
Vielleicht übernehmen Sie auch diesen Einstieg, wenn Sie denken, dies wäre für Ihre Kindergruppe einfacher.

4. Dann ist das nächste Kind an der Reihe. Es zieht eine Figur aus dem Beutel und erzählt die Geschichte ein Stück weiter.

5. So geht es reihum. Beenden Sie die Rahmengeschichte dann etwa damit, dass es ein schöner Tag für Jelle war, er jetzt aber nach Hause ins Bett muss, weil nun Schlafenszeit ist.
„Gute Nacht, lieber Jelle!“

Wo sind all die Hyänen hin? (ab 3 Jahren)

Schaue dir die Tiere genau an. Findest du alle Hyänen?

Male sie bunt aus.

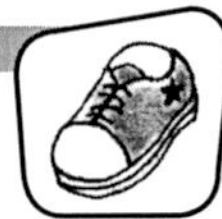

Schnapp sie dir! (ab 3 Jahren)

Material:
7 Hula-Hoop-Reifen in Rot, Pink, Blau, Grün, Gelb, Lila, Schwarz und Weiß

Spielanleitung:

1. Gehen Sie mit den Kindern in die Turnhalle oder auf das Außengelände.
2. Legen Sie sechs bunte Reifen im Kreis mit etwa 1,5 m Abstand auf den Boden. Das sind die Tiergehege.
3. Der schwarze Reifen wird in die Mitte gelegt. Hier steht der „Zoowärter".
4. Der weiße Reifen wird ein gutes Stück entfernt abgelegt. Das ist das Haus des Zoowärters.
5. Verteilen Sie dann die Rollen der Tiere an sechs Kinder. Jedes Kind stellt sich in sein farblich passendes Gehege. Für das Gürteltier ist der lilafarbene Reifen vorgesehen.
6. In die Mitte stellt sich ein Kind, das den Zoowärter spielt.

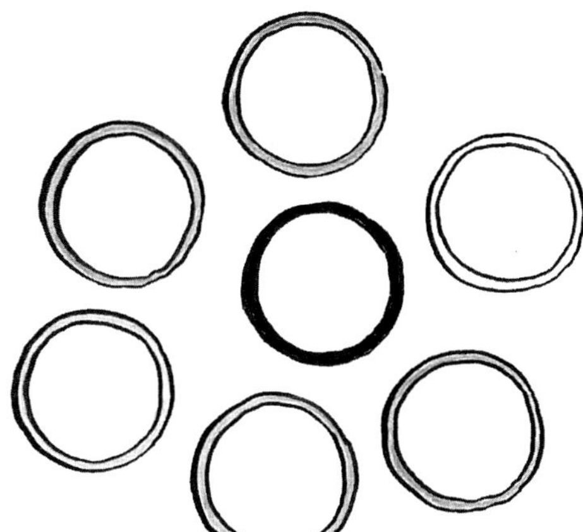

7. Die restlichen Kinder der Gruppe können als Zoobesucher mit etwas Abstand um die Gehege herumstehen und das Spektakel betrachten.

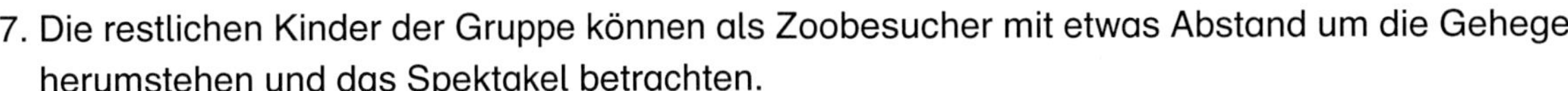

8. Rufen Sie dem Zoowärter nun laut zu, welches Tier aus seinem Gehege entkommen konnte.
9. Dieses Kind muss schnell vor dem Zoowärter weglaufen. Der Zoowärter versucht, es wieder einzufangen und in sein Gehege zurückzubringen. Wenn das fliehende Kind es schafft, in das Haus des Zoowärters zu kommen (weißer Reifen), ohne vom Zoowärter gefangen zu werden, hat dieses Kind die Runde gewonnen. Ansonsten hat der Zoowärter gewonnen.
10. Nun können die Rollen des Zoowärters und des entflohenen Tieres von anderen Kindern übernommen werden.
11. Dann sind Sie wieder an der Reihe und sagen dem Zoowärter, welches Tier nun aus seinem Gehege verschwunden ist.

BVK • Mila Hees: Literacy-Projekt zum Kinderbuch „Gute Nacht, Gorilla" von Peggy Rathmann

Familie und Freunde (ab 4 Jahren)

Material:
Buch „Gute Nacht, Gorilla“, 1 Lupe

Arbeitsanleitung:
1. Finden Sie sich mit den Kindern im Sitzkreis zusammen.

2. Schlagen Sie die Doppelseite auf, auf der die Tiere gerade durch den Flur in das Schlafzimmer laufen (S. 15–16).

3. Lassen Sie die Kinder die Doppelseite nacheinander mit der Lupe betrachten. Sie sollen ihren Fokus auf die Bilder an der Wand legen. Sie werden feststellen, dass die Bilder sehr an Familienfotos erinnern, so zum Beispiel der Babygorilla im Arm der Frau des Zoowärters. Die Bilderwand wirkt wie eine Familiengalerie.

4. Kommen Sie dann mit den Kindern über ihre Familien ins Gespräch. Stellen Sie ihnen dafür Fragen und geben Sie ihnen Sprechimpulse zu verschieden Themenbereichen, die sich hier anbieten:

   - Was denkt ihr, warum die Tiere nicht in ihren Käfigen sein wollen?
   - Warum wollen sie wohl alle mit in das Haus und in das Schlafzimmer des Zoowärters und seiner Frau?
   - Die Hyäne und die Giraffe lächeln zufrieden, als sie in das Haus gehen. Was könnte der Grund sein?
   - Sehen Sie nervös oder glücklich aus?
   - Könnte es sein, dass sie den Zoowärter und seine Frau als Familie betrachten?
   - Wie wäre es für euch, wenn ihr weit weg von eurer Familie schlafen müsstet?
   - Was denkt ihr, warum der Zoowärter und seine Frau so viele Bilder von den Tieren an der Wand hängen haben?
   - Warum klettert wohl gerade der Gorilla ins Bett und nicht etwa das Gürteltier oder der Löwe? Könnte es an dem Foto auf dem Nachttisch liegen? Was könnte das bedeuten? Auf Seite 28 nimmt die Frau des Zoowärters den Gorilla sogar wie ein Kind an ihre Hand, als sie alle zurück in den Zoo bringt.
   - Habt ihr euch schon einmal Gedanken darüber gemacht, warum die kleine Maus mitgeht? Warum ist sie vom Anfang bis zum Ende des Buches an der Seite des Gorillas? Und das, obwohl sie gar kein Zootier ist und auch nicht in einem Käfig lebt?
   - Habt ihr Freunde, die euch oft begleiten?
   - Was unternehmt ihr mit euren Freunden?
   - Habt ihr mit euren Freunden auch schon einmal gemeinsam in einem Bett übernachtet?

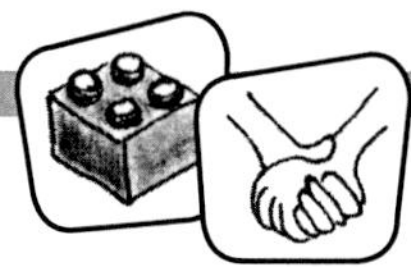

Abschlussfotos (ab 2 Jahren)

Material:
Kopiervorlage „Fotorahmen" (s. u.), 1 Nachthemd, 1 Haarhaube, 1 grünes Hemd oder T-Shirt, 1 grüne Hose, 1 Taschenlampe, Stofftiere, wenn vorhanden: Gorilla, Elefant, Löwe, Giraffe, Hyäne, Gürteltier, Maus, 1 Fotokamera o. Ä.

Vorbereitung:
Vervielfältigen Sie die Kopiervorlage „Fotorahmen".

Arbeitsanleitung:
1. Stellen Sie mit den Kindern Fotos aus dem Buch nach. Die Kinder können sich entweder als Zoowärter oder als Frau des Zoowärters verkleiden.
2. Dann können Sie sich mit einzelnen oder mit allen Stofftieren fotografieren lassen.
3. Da es auch um Sozialverhalten geht, sollen sich die Kinder auch über Fotos mit Freunden austauschen. Hierbei müssen sie sich einigen, wer (zuerst) welches Kostüm tragen und welches Stofftier halten darf.
4. Im nächsten Schritt stellen Sie Kinder zusammen, die sich vielleicht nicht so gut verstehen oder ansonsten nicht miteinander spielen. Hier ist die Einigung noch schwerer. Halten Sie sich möglichst aus Diskussionen heraus, übernehmen Sie aber im Streitfall die Rolle des Vermittlers und bieten Sie den Kindern Lösungsmöglichkeiten an.
5. Wenn alle Fotos gemacht wurden, drucken Sie sie aus (ca. 13 x 9 cm). Sie können auch ein paar Bilder in einem Geschäft ausdrucken lassen.
6. Lassen Sie die Fotorahmen von den Kindern ausmalen. Kleben Sie die Fotos dann einfach in die Rahmen.
7. Hängen Sie die Bilder anschließend wie eine Fotowand an die Wand im Gruppenraum.

Kopiervorlage „Fotorahmen"

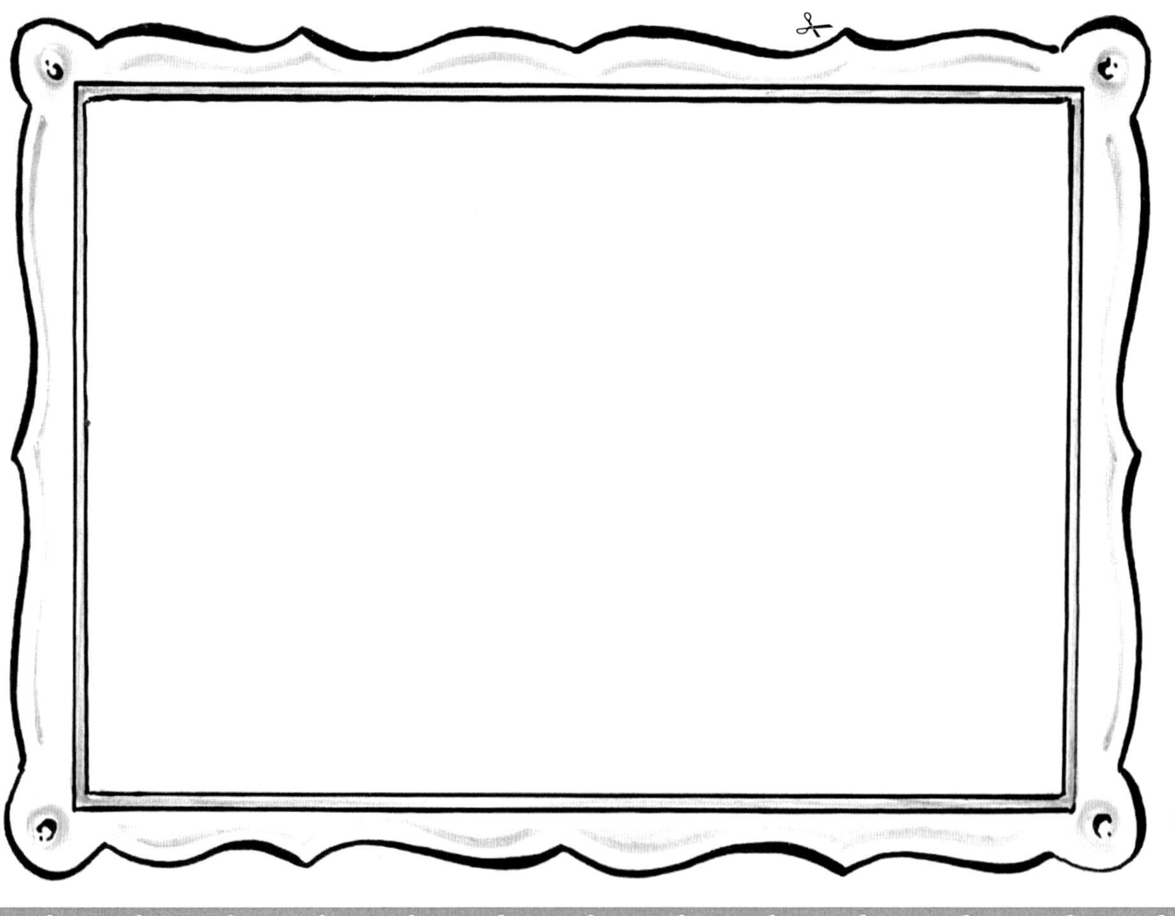